Ich schreibe um zu leben

Mumia Abu-Jamal

Ich schreibe um zu leben

Zeugnisse eines zum Tode Verurteilten

Vorwort von Cornel West

Einleitung von Julia Wright

Atlantik

Die Deutsche Bibliothek - CIP Einheitsaufnahme
Ein Titelsatz für diese Publikation ist bei der
Deutschen Bibliothek erhältlich

Aus dem Amerikanischen von Jürgen Heiser
Der Übersetzer dankt Mark Lion für seine Unterstützung

Die Originalausgabe erschien 1997
unter dem Titel "Death Blossoms"
im Verlag *The Plough Publishing House of the Bruderhof Foundation Farmington, USA und Robertsbridge E. Sussex, UK*

Atlantik Verlag
Elsflether Str. 29, D-28219 Bremen
www.atlantik-verlag.de

Paperback:: 1. Auflage Mai 2001
Leinen m. S.: 1. Auflage Juni 1997

Umschlaggestaltung : Annette Schiffmann, Reinhard Seekamp, Satzstudio Trageser
Umschlagfoto: Thomas Filmyer/VVCB
Gestaltung: Atlantik Verlag
Gesamtherstellung: Interpress Budapest

ISBN 3-926529-63-6

Inhalt:

»Ich hoffe, daß euch mein Buch
'...aus der Todeszelle'
zu neuen Einsichten verholfen hat.
Ich habe das meiste darin
mit meinem eigenen Blut geschrieben.
Ich schreibe, um zu leben.«

Aus der Grußbotschaft
»An meine Freundinnen und Freunde in Deutschland«
anläßlich der Frankfurter Buchmesse 1995

Danksagung

Ohne die schnelle und großzügige Unterstützung von vielen hätten dieses Buch und die »Edition Mumia Abu-Jamal« nicht so erscheinen können. Der Verlag dankt an dieser Stelle allen, die mit ihren Beiträgen und Mitteln die Realisierung erst ermöglicht haben.

Atlantik Verlag

An alle

Allen
Namenlosen, die vor uns waren
und nicht mehr sind,
allen,
die in finstre, salzige Tiefen stürzten,
allen,
die kämpften
den Widrigkeiten zum Trotz,
allen,
die Göttern
das Leben schenken,
allen,
die sich nicht ergeben –

allen, die vor uns waren,
und allen, die nach uns kommen
widme ich diesen Schild.

M.A.J.

Vorwort von Cornel West

Mit seiner leidenschaftlichen und prophetischen Stimme fordert uns Mumia Abu-Jamal dazu heraus, uns mit dem auseinanderzusetzen, was den Zustand des heutigen Amerika am deutlichsten charakterisiert: Der allmählichen Auflösung der Systeme des Versorgens und der Erziehung. Die beängstigende Realität, in der mehr und mehr Menschen ohne Liebe und Bestätigung leben, resultiert in erster Linie aus den folgenden grundlegenden Entwicklungen: Da sind, zum Beispiel, die Kräfte unseres unregulierten kapitalistischen Marktes, die nicht nur unmoralische Verhältnisse mit ungleicher Wohlstandsverteilung und ökonomischer Unsicherheit hervorgebracht haben, sondern auch für die Isolation der Individuen und ihre psychische Desorientierung verantwortlich sind. Dann ist da das Erbe des Prinzips der weißen Vorherrschaft, die – auf mehr oder weniger offen subtile Art und Weise – fortfährt, neue Formen geographischer Rassentrennung, Einstellungsbeschränkungen für Jobs und soziale Spannungen zu schaffen. Wir sehen auch, wie auf anderen Gebieten repressive Ideologien und hartnäckiger Fanatismus (wie das Patriarchat und die Homophobie) die Chancen zu gesunden und menschlichen Beziehungen zwischen Männern und Frauen ersticken. Kurz gesagt, unsere kapitalistische »Zivilisation« tötet unseren Verstand, unseren Körper und unsere Seele im Namen des »amerikanischen Traums«.

Als einer, der auf der Schattenseite dieses amerika-nischen Traums lebt – unschuldig eingesperrt für eine Straftat, die er nicht begangen hat – spricht Mumia Abu-Jamal über die institutionalisierte Ungerechtigkeit und geistige Verarmung,

von der unsere Kultur durchdrungen ist. Er erinnert uns an Dinge, die die meisten unserer Zeitgenossen lieber leugnen und ignorieren. Und wie die meisten scharfen Kritiker unserer Gesellschaft – von Herman Melville, Theodore Dreiser und Nathaniel West bis hin zu Ann Petry, Richard Wright, Toni Morrison und Eugene O'Neill – zwingt er uns zur Auseinandersetzung mit der fundamentalsten Frage, vor die sich dieses Land gestellt sieht:
Was nützt es einer Nation, wenn sie die ganze Welt erobert, aber dabei ihre Seele verliert?

Nach mehr als fünfzehn Jahren unter alptraumhaften Haftbedingungen ist Mumia Abu-Jamals Seele nicht nur intakt, sondern sie erblüht geradezu – während die Seele dieser Nation dahinwelkt.
Werden wir je auf unsere blutig geschlagenen Propheten hören und von ihnen lernen?

Cambridge, Mass.
Oktober 1996

Einleitung von Julia Wright

»Unter einer Regierung, die jedermann zu unrecht einsperrt, ist der rechte Platz eines gerechten Menschen ebenfalls das Gefängnis.«
Henry David Thoreau, 1817-62

»Verausgabt sich die Seidenraupe mit ihrem gelben Werk für dich? Richtet sie sich für dich zugrunde?«
Cyril Tourneur, 1575-1626

Es gibt viele Arten der Stille. Vielleicht genauso viele, wie es Nuancen des Tastsinns oder der Augenfarbe gibt. Nie werde ich jene außergewöhnliche Stille vergessen, die sich am 13. Oktober 1995 in einem Pittsburgher Gerichtssaal ausbreitete, als ein afroamerikanischer Journalist und weltbekannter Autor mit langsamen Bewegungen den Saal betrat, um eine Aussage zu machen. Zur Verhandlung stand seine Zivilklage gegen das Gefängnis von Greene County und den Strafvollzug von Pennsylvania wegen der Verletzung der Menschenrechte.[1]
Sein Name: Mumia Abu-Jamal.
Die Füße in Ketten gelegt, gefror die Stille bei jedem seiner Schritte wie in kleinen Wellen. So paradox, als ob anrollende Wellen wirklich zum Stillstand gebracht werden könnten, war auch diese Stille: die unverhohlene Präsenz geladener Polizeiwaffen, gerichtet auf die zurückhaltend gezeigte Liebe der im Gerichtssaal anwesenden Familienmitglieder – Männer, Frauen und Kinder –, die ihn seit vierzehn Jahren nicht berühren durften. Die Szene erinnerte mich an Coleridges Gedicht, in dem das Meer auf

unheimliche Weise zum Stillstand gebracht wird: eine Verfluchung der Lebenskräfte.
Nachdem endlich ein Zustand hochtechnischer Geräuschlosigkeit hergestellt war (Amerika produziert neuerdings geräuschlose Fußketten für Gefangene), ergriff der sanfte Riese frei und ungebunden das Wort.
Als die Anwälte des Gefängnisses von Greene County mit Mumias Verhör fortfuhren, fragten sie ihn wiederholt, ob er wisse, daß er gegen die Gefängnisregeln verstieß, als er sein Buch »...aus der Todeszelle« schrieb. »Ja«, antwortete er leise. (Ein Zittern durchfuhr die Stille.) Ob er auch wisse, daß er gegen dieselben Regeln verstieß, als er sich für seine Artikel und Kommentare bezahlen ließ? »Ja«, kam es in einem sanften, schwingenden Ton. (Die Stille erschauerte.) Ob er weiter wisse, daß die gegenwärtige Strafe für »unerlaubte schriftstellerische Betätigung« hinter Gittern neunzig Tage im »Loch« beträgt? Und daß zusätzlich eine Untersuchung seitens des Gefängnisses angeordnet würde, wodurch die Überwachung seiner Post und Beschränkung der Besuchsmöglichkeiten für alle Besucher einschließlich der Familienangehörigen, Anwaltsgehilfen, Seelsorger und der Presse gerechtfertigt seien? »Ja«, antwortete er geduldig, aber etwas müde. (Die Stille erzitterte, erstarrte aber sofort wieder bedeutungsvoll.)
»Wenn Sie das alles wußten, wieso haben Sie dann weitergemacht und dieses Buch geschrieben?«
»Weil ich wußte, egal was es mich kosten würde, daß ich der Welt ein Fenster in die Seelen derer öffnen mußte, die wie ich unter den barbarischen Zuständen in Amerikas Todestrakten leiden...«
Amerikas Schweigen zerbrach wie billiges Glas. Richter

Benson vertagte die Anhörung...
Das vorliegende Buch ist Mumias zweites »Verbrechen« seit »...aus der Todeszelle« veröffentlicht wurde. Er durchbricht damit ein weiteres Mal Amerikas Schweigen. Der Autor läßt uns teilhaben an seinen im Gefängnis gebrauten Gegengiften gegen die Gitter des Schweigens, das tödlicher ist als der kalte Stahl, den er jeden Tag berührt.
In der erst kürzlich von HBO-Channel 4-Otmoor gesendeten Dokumentation mit dem Titel: »Mumia Abu-Jamal – Unschuldig bis zum Beweis des Gegenteils?« berichtet Mumia in eigenen Worten von der unmenschlichen Erfahrung mit der sensorischen Isolation, der er für die Zeitspanne von Zweidrittel einer Generation ausgesetzt war: »Wenn man die Tür schließt, hört man keine Geräusche mehr. Es gibt nur noch den Klang der Stille in deiner Zelle. Man hört die Klimaanlage und das Geräusch der Stille, das du selber in deiner Zelle erzeugst. Das Gefühl der Isolation ist total, weil du sogar von den Bewegungswellen, die die Gegenwart eines Menschen mit sich bringt, abgeschnitten bist. Stell dir vor, du gehst in dein Badezimmer, machst die Tür hinter dir zu und verläßt dieses Badezimmer nicht mehr, außer für ein oder zwei Stunden [täglich]... und bleibst dort in diesem Badezimmer für den Rest deines Lebens – das Datum, an dem du sterben wirst, schon in der Tasche.«
In diesem Buch finden wir viele Siege gegen diese sensorische Deprivation, die Mumia der Gefängnisbehörde abgerungen hat. Er beschenkt uns jedoch nicht mit gebrauchsfertigen, Do-it-yourself- oder Mitnahme-Rezepten. Das wäre zu einfach. Wenn es auf den folgenden Seiten überhaupt ein Beispiel für die gegen Gefängnisse wirksamen Gegenmittel gibt, dann liegt es an uns, sie herauszufinden. Genauso wie Henry James glaubte, daß

Leser ein bestimmtes Stadium von Klarheit erreicht haben müssen, bevor sie die verborgene »Figur« im »Gewebe« eines Schriftstellers finden können.
Nichts, so läßt uns Mumia wissen, kann ohne das Wort beginnen. Schreiben hinter verriegelten Türen bringt dauerhaften Klang in die Stille des Gefängnisses, spirituelle Distanz zur rasenden Meute von Politikern und gewählten Richtern, deren Karrieren auf dem Blutzoll anderer Menschen aufgebaut sind. Schreiben hinter Gittern ist die kreative Dimension gegenüber dem Klang und der Raserei einer verlorenen Welt. Im Schreiben steckt eine Erneuerung der Bindung: von ihren Fesseln befreite Hände greifen nach dem Notizbuch, Finger berühren den Bleistift, der Bleistift berührt das Papier, das Papier wird von den Lesern berührt, die wiederum vom Inhalt berührt werden. Und es wird etwas -wie das Schreiben – dringend gebraucht, um zu verhindern, daß die Außenwelt verschwindet. Die Verringerung des Stoffwechsels im Austausch zwischen Gefangenen und den ihnen erinnerlichen Menschen ihrer community draußen muß angehalten werden. Verblassen Farben und werden undeutlich, wenn sie durch Plexiglas gefiltert werden? Gibt es wegen der Überbelichtung mancher Erinnerungen, die wir hervorholen, eine Verwandlung mit Sepia-Effekt?[2]
Das vorliegende Buch scheint in eine schimmernde Durchsichtigkeit getaucht, so als ob die Erinnerung an Farbe und Klang aus der Gefängnisrealität ausbluten würde. Und dieser existenzbedrohende Blutsturz kann nur gestoppt werden durch das Herstellen »brillanter Bilder mittels Schreiben aus dem Kopf«.
Sind die Weltphilosophien all der vergangenen Jahrhunderte in der Lage, auch nur im Ansatz zu erklären, welchen

Träumen und Alpträumen ein Mensch in der Todeszelle ausgesetzt ist? Unsere Träume bilden sich aus unseren unmittelbaren täglichen Sinneseindrücken. Wenn aber diese Erfahrungswelt unterdrückt wird, was geschieht dann mit diesen Träumen, die eine Grundlage unserer menschlichen Vernunft sind? Rollo May hat beschrieben, was den existenziell tiefsten Schmerz eines Lebens im Exil ausmacht: die Unmöglichkeit, nach Hause gehen zu können. Heimatlosigkeit, genauso wie Geräuschlosigkeit und mangelnder körperlicher Kontakt, ist der Kern des amerikanischen Gefängnissystems. Durch die Erfahrung, zu Hause zu sein oder nicht, nach Hause gehen zu können oder nicht, wird das Selbstwertgefühl entweder gestärkt oder zerstört. Und es ist eine der erstaunlichen Stärken dieses Buches, daß Mumia seinen Kopf in sein Zuhause verwandelt hat und uns im Verlauf der Lektüre aufzeigt, wie wir selber draußen in der »offenen« Gesellschaft uns aus unseren Köpfen entfernt haben. Mumias inneres Zuhause ist so grenzenlos, daß wir am Ende beim Verlassen des Buches diejenigen sind, die – scheinbar aus »freien« Stücken – zurückkehren in unsere eigenen kleinen materialistischen Realitätszellen.
Wir haben es hier nicht mit einem klassischen autobiographischen Text oder sogar einem »intellektuellen« biographischen Text zu tun. Es ist vielmehr die Erzählung von einer Flucht aus dem Gefängnis in die befreiten Gebiete des Kopfes, ein Durchschreiten nicht des Zellenkäfigs, sondern der Psyche, Jogging nicht im Knast, sondern im offenen Raum. Mumia nennt es »geistig darüber stehen«. Wir genießen das Privileg, daß er uns mitnimmt auf eine Befreiungstour zur Erlangung seiner eigenen Freiheit. Mumia, der sich mit Entschiedenheit auf seine spirituelle

Suche gemacht hat, läßt uns begreifen, daß »freie« Männer und Frauen in ihrer Realität verhaftet sein und ihre eigenen Revolutionen einsperren können, während »Gefangene« in der Lage sind, eine grenzenlose Revolution des Geistes freisetzen zu können. Frantz Fanon, der Psychiater und Freiheitskämpfer, schrieb in »Die Verdammten dieser Erde«: »Der Imperialismus, der heute gegen eine konkrete Befreiung der Menschen kämpft, hinterläßt überall Fäulniskeime, die wir unerbittlich aufspüren und aus unseren Ländern und unseren Gehirnen ausmerzen müssen."[3]

Wir werden in der Tat mit reißerischen Beiträgen der Medien und rassistischen Stereotypen bombardiert. Wer erinnert sich nicht an das Disneyland-Gesicht einer jungen Frau, die (zur besten Sendezeit) tränenüberströmt das schwarze »Monster« beschrieb, das ihre beiden kleinen Jungen umgebracht haben sollte? Allerdings stellte sich dann heraus, daß der Mörder nur in ihrer Einbildung existierte, ein Produkt ihrer eigenen mordlüsternen Vorstellungskraft. Wie viele Mumia Abu-Jamals sind denn schon verhaftet oder behelligt worden, bevor die Wahrheit ans Tageslicht kam? Wer erinnert sich nicht noch an den aus Boston stammenden Italoamerikaner, der überzeugend aussagte, er habe gesehen, daß der Mörder seiner Frau ein schwarzer »Gangster« war? Allerdings kam dann heraus, daß der angebliche schwarze Unhold eine reine Projektion aus dem kriminellen Hirn des Ehemanns war... Aber wie viele Mumia Abu-Jamals gibt es mittlerweile denn schon?

Wer kann die tränenüberströmte Witwe vergessen, die immer wieder davon erzählte, wie der Angeklagte (Mumia) teuflisch grinste, als die Staatsanwaltschaft der Jury das blutgetränkte Hemd ihres Mannes, des Polizisten Faulkner,

zeigte. Allerdings beweisen die Protokolle des Verfahrens, daß Richter Sabo Mumia an diesem Tag von der Verhandlung ausgeschlossen hatte.
Und dieses Muster wiederholt sich, wenn uns erzählt wird, das ein gewisser Wesley Cook, alias Mumia Abu-Jamal, einen Polizisten getötet hat, weil der seinen Bruder mißhandelt hatte. Aber wer ist der wahre Mumia hinter all den falschen, kaltblütigen Projektionen?
Dieses Buch ist eine persönliche und kollektive Antwort auf diese Frage, ein edelmütiges und humanes Lied der Unschuld für all die nicht sichtbaren Männer und Frauen, deren Stimmen niemand hört, und die schon gefangen waren von Schuld-Stereotypen, lange bevor sie auch nur einen Fuß in ein Zuchthaus gesetzt hatten.
Es war vorauszusehen, daß ein weiterer »unsichtbarer Mann« in diesem Fall herumspukt: Er war von mindestens drei Zeuginnen und Zeugen (Dessie Hightower, William Singletary, Veronica Jones) beobachtet worden, wie er vom Tatort der Schießerei weggerannt ist. Alle drei haben inzwischen darüber ausgesagt, daß sie von der Polizei eingeschüchtert und zu dieser Aussage gezwungen wurden, und daß *dieser* Mann nicht der Einbildung ihrer schwarzen Phantasien entsprungen sei...
Obwohl Mumias Lebensenergien gebunden und aufgesogen werden durch den Angriff, den seine Haftsituation, die mit einer high-tech Sklaverei vergleichbar ist, darstellt, gelingt es ihm dennoch, auf diesen Seiten das Wesentliche herauszufiltern, das letztendlich seiner Gefangenschaft widerspricht: seine geistige und spirituelle Souveränität. Sein Buch entfaltet eine trügerisch einfache Mischung aus Form und Inhalt. Tatsächlich ist eine der faszinierendsten Figuren in Mumias »Gewebe« buchstäblich das Gewebe

selbst, das Weben eines Netzes aus Wörtern. Es ist aufschlußreich, wie am Ende des Buches Norman, ein Mitgefangener, verwundert ist über die Widerspenstigkeit einer Spinne gegenüber der Gefängnisordnung: Sie spinnt einfach ihr Netz unter Normans Waschbecken. Mumia, der schon bald seine eigene Spinne entdeckt, webt Netze aus Anekdoten, und wir beginnen zu begreifen, daß das Buch, das wir in den Händen halten, auch ein Netz ist, gewebt aus den kreativen Fäden eines im Kopf geschaffenen Zuhauses. Genau wie bei Anansi, der Spinne aus der frühen afrikanischen Folklore, liegt der Ursprung eines Lebens-Gewebes im Innern.

Erstaunlicherweise ist bei vielem, was Mumia geschrieben hat, die psychologische Wahrheit auch wissenschaftlich belegt. Randy Lewis, ein Molekularbiologe, der über viele Jahre die Geheimnisse von Spinnen studiert hat, schrieb erst kürzlich, daß »es mehr Energie erfordert, die Seidenfäden der Spinnen zum Reißen zu bringen, als bei jedem anderen Material auf der Welt«. So kugelsicher, wie die Seide der gefangenen und betäubten Spinnen ist, aus deren Fäden Westen gewirkt werden, so gefängnissicher sind die Texte von Mumia. Die Wort-Fäden aus seinem Gefängnislabor reichen durch die Gitter und über sie hinaus. Sie sind Symbole für das essentielle Geflecht der Bindungen mit den Menschen draußen. Zusammen bilden sie ein Gewebe, das buchstäblich ein Abbild jener »Löcher in der Seele« ist, von denen er schreibt. Aber dasselbe Gewebe erschafft im Gefängnis wieder auf heilende Weise die Realität des »gesamten Netzwerks der Natur« und hält uns auch angesichts der brutalsten Angriffe als Gemeinschaft zusammen. Wie er es beschreibt in Bezug auf die Bande, die seine geliebten Brüder und Schwestern von MOVE vereinen, trotz der zahlreichen finsteren Versuche, ihre Gemeinschaft zu zerstören: »Ohne Nägel oder Bauholz konstruierte er (John Africa) aus der Struktur des Herzens einen straff zusammenhaltenden Körper."

Viele von uns werden nach dem Lesen dieses Buches von Mumia eingenommen sein. Angesichts der Tatsache, daß wir das Wissen des Gelesenen nicht mehr leugnen können, stehen wir vor einer entscheidenden Frage: Wissend und zu Zeugen geworden, können wir da fortfahren nach dem Motto »Leben und sterben lassen«?

Dieses Buch setzt sich mit der Unschuld eines Menschen – eines beliebigen Menschen – auseinander, der in die Hände einer elitären Gesellschaft geraten ist, die ihre Schuld auf ihre Mitbürger projiziert, um selber besser dazustehen. Ich werde dabei an Fred Daniel erinnert, eine Gestalt aus dem Buch meines Vaters »The Man Who Lived Underground«. Von der Polizei für ein Verbrechen verfolgt, das er nicht begangen hat, ist Daniel seiner Unschuld beraubt und flüchtet in das unterirdische Abwassersystem der Stadt, um seiner Verhaftung zu entgehen. Er versucht dort zu überleben, indem er aus seinem Versteck heraus Diebstähle begeht. Er späht durch Kellertüren und beobachtet heimlich, wie andere ihrer Unschuld beraubt werden, weil sie für seine Diebstähle bestraft werden. Nachdem ein alter Wachmann Selbstmord begeht, weil er fälschlicherweise wegen einer Sache, die auf Daniels Konto geht, beschuldigt worden ist, versteht Daniel in der Tiefe seiner Unterwelt, daß wir alle unserer Unschuld beraubt und deshalb alle zur Schuld verdammt sind. Er taucht wieder aus dem Abwassersystem auf, mit dem Verlangen, seine Wahrheit mit der Welt zu teilen: »Wenn er ihnen nur zeigen könnte, was

er gesehen hat, dann würden auch sie empfinden, was er gefühlt hat, und sie würden es wieder anderen zeigen, die dann das Gleiche fühlen würden, und schon bald würde jeder von dem gleichen Impuls des Mitleids geleitet werden.«
Ähnliche Fäden aus einer quälenden Hoffnung und aus Vertrauen in die Gerechtigkeit ziehen sich durch Mumias Buch. Er macht uns alle zu sichtbaren Zeugen. Veronica Jones, eine bedrohte Zeugin in Mumias Fall, war von demselben Impuls bewegt, als sie kürzlich an die Öffentlichkeit ging und ihre Falschaussage richtigstellte. Aber noch aus dem Zeugenstand heraus wurde sie verhaftet, weil sie bei dem blieb, was sie in Wahrheit gesehen hatte – einen Mann, der wegrannte – und weil sie mutig die Verantwortung für das übernahm, was es heißt, die Wahrheit aus dem »Untergrund« an die Oberfläche zu holen...

Unser Amerika, geographisch so unermeßlich groß und reich, historisch so jung und grün, hat traditionell dem Materialismus des Raumes den Vorzug gegeben vor den unsichtbaren Fäden, die die Zeit durch seine Landschaften und die Erfahrungen seiner ruhelosen Bewohner spinnt. Mumias Schreiben bringt uns wieder mit einem so dringend notwendigen Sinn für Kontinuität in Verbindung, mit der Geschichte unserer Geburt als ein Volk an westlichen Küsten, wohin uns die Mittelpassage gebracht hatte, mit unserem nachfolgenden Kampf durch alle Zeit hindurch, der immer noch andauert, immer in Bewegung.
Für Mumia entfaltet sich ein ganzheitlicher Kampf nicht nur im Sinne eines raumorientierten Internationalismus, sondern auch durch den generationsverbindenden Leim im

Gleichnis vom gewobenen Netz. Es ist eine traurige Ironie, daß eine Würdigung der spirituellen Substanz der Zeit von einem Gefangenen im Todestrakt kommt, der nicht über den materiellen Wohlstand verfügt, mit dem man sich in Amerika Lebenszeit erkaufen kann. Mumia aber schärft uns mit der ihm eigenen Selbstlosigkeit ein, über uns selbst hinauszuschauen und die zarten Blüten unserer Kinder zu entdecken und ihnen zu helfen, »im Haus der Zukunft zu leben«, wo wir nicht mehr sein werden.

Eine Blüte ist die Lebensform, die am engsten an die Botschaft der Zeit gebunden ist. Die Blüte wird zur Frucht und das Fruchtfleisch trägt die Erinnerung an die Knospe der mütterlichen Blüte, die ihr vorausging, und den Vorgeschmack auf ihr Dahinscheiden durch Verfaulen in sich. Nach einer alten Bluesballade, gesungen von der Schwester mit der ewig frischen Magnolie im Haar, hingen früher viele »seltsame Früchte« von den Bäumen im Süden. Erinnern sich die Landschaften, in denen wir lebten, noch daran? Die Legende besagt, daß Todesblumen, auch »Alraunen« genannt, dort wuchsen, wo Menschen unschuldig erhängt worden waren. Deren Blüten sollten Wunderkräfte der Fruchtbarkeit und des Fortbestandes in den Händen der Verdammten dieser Erde sein.

Zu der Zeit, als ich das Manuskript von »Death Blossoms« las, erhielt ich einen bewegenden Brief von Mumia, in dem er mir seinen Schmerz über den gewaltsamen Tod von Tupac Shakur[4] schilderte – Kind einer Black Panther Familie, ein Junge mit einer vielversprechenden Zukunft, die sich nicht erfüllen wird. Sie wurde im Keim erstickt. »Was für ein Verlust!« schreibt Mumia. »Der Sohn eines Panthers, der nichts vom Ruhm seiner Mutter wußte. Der sich selbst 'Gangster' nannte, der nie sein wahres Ich, seine wahre

Stärke kennengelernt hat.« Mumias Worte werden all jene unter uns berühren, die ihren Kindern beibringen mußten, geistige Guerillakämpfer zu werden, und sich ihren Weg durch die grausamen Statistiken der Gefahr ihrer eigenen Sterblichkeit zu bahnen. »Alle zwei Stunden stirbt jemand von uns an Schußverletzungen«, bringen wir ihnen notgedrungen bei.

Daß es Mumia unmöglich gemacht wird, seine eigenen Enkelkinder zu berühren, die während seiner Zeit im Todestrakt geboren wurden, ist mikrokosmisch gesehen, ein double bind[5] in Bezug auf das, was viel zu viele von uns in unseren im Zerfall begriffenen »communities« erleben müssen: Die Beziehungen zwischen den Generationen sind zerfressen, sind perspektivisch verkürzt an beiden Enden unserer Lebensspanne. Selber schon als Kind im Visier des FBI, kann Mumia heute nicht mit seinen eigenen Kindern zusammensein, oder mit deren Kindern – allen wird dabei etwas geraubt. Mein Vater, Richard Wright, hätte meine Kinder und deren Kinder kennengelernt, wäre er nicht schon so früh unter ungeklärten Umständen gestorben. Unsere Generationen sind auseinandergerissen und werden beiseite gefegt wie Spinnweben. Unsere Verbindungen sind abgerissen, wir sind isoliert – wie in einem eigenen Todestrakt.

Mehr als ein halbes Jahrhundert nach »Native Son«, dem Buch meines Vaters, spukt mein Bruder Bigger, der nur auf dem Papier mein Bruder war, immer noch durch Amerika. Sein frühzeitiger Tod durch die Hand des Staates war ein Vorgeschmack auf die kommende Fäulnis. Tupac? Ein weiterer real lebender native son in der langen Kette der Dezimierung. Wir leben und atmen diesen Zustand des sich ständig wiederholenden Verlustes! Wir müssen uns dazu in die Lage versetzen, entsprechende Rituale zu finden, damit wir trauern können um die Tausenden, die schon gegangen sind. Nur so können wir die nächsten davor schützen, ihnen zu folgen. Die, die schon als Kinder umgebracht werden, werden selber niemals Kinder haben...

Es ist die heilende Kraft dieses Buches, daß Mumia, der in Todesgefahr schwebt, uns verbindende Fäden in die Hand gibt, um ein festes Netz zu knüpfen und es weit über die große Kluft der Generationen werfen zu können, über die Kinder, die wir vielleicht nie kennenlernen oder sehen oder berühren werden. Aber Mumia macht uns klar, daß wir sie im voraus lieben können, präventiv. Und vielleicht wird dieses verbindende Netz, weit über die Zeit geworfen in größter Liebe, sie davor bewahren, ungewappnet und zu gütig in die finstere Nacht der neuen Sklaverei zu gehen.

Baudelaires »Les Fleurs du Mal« und Wildes »Ballad of Reading Gaol« sind beste Beispiele für Bücher, die gegen Ende des neunzehnten Jahrhunderts verboten und gebannt wurden, aber jetzt, im zwanzigsten Jahrhundert, allüberall geliebt werden.

Und hier ist nun Mumia Abu-Jamals neues Buch – zeitlos.

Paris
Oktober 1996

An die Leserinnen und Leser von Steve Wiser

Die Korridore, die zum Todestrakt des SCI Greene[6] führen, dem nach allen Regeln der Kunst gebauten Superhochsicherheitsgefängnis von Pennsylvania, sind brandneu. Die Bodenfliesen glänzen wie Glas. Strahlend weiße Wände verbinden sich mit stahlblauen Fensterrahmen und Handläufen. Überall riecht es nach Bohnerwachs und Reinigungsmitteln mit Zitronenzusatz. Hier hat keine einzige Bakterie überlebt. Man kommt sich vor wie in einem Krankenhaus, mit einer Ausnahme: der Abwesenheit von Menschlichkeit.

Hier wird jede menschliche Regung elektronisch kontrolliert und überwacht. Sorgsam verborgene Videokameras peilen geräuschlos aus jedem Winkel. Kleine Lautsprecher knacken in Betonwänden. Hinter dicken Glasscheiben beobachten uniformierte Wärter aufmerksam jede Bewegung. Das vermittelt einem das Gefühl, nackt zu sein, denn hier haben die Wände buchstäblich Augen und Ohren.

Am Ende eines langen, völlig leeren Verbindungsganges befinden sich mehrere ferngesteuerte Doppeltüren. Danach kommt eine kahle Wärterstation, die als Kommandozentrale von Abteilung L-5 dient. Sie ist das Epizentrum dieses industriellen Gebäudekomplexes. Und hier tritt man von Angesicht zu Angesicht dem gegenüber, was das System hier am meisten zu verbergen sucht: Menschlichkeit. Menschlichkeit mit ihrer Wärme, ihrem Reichtum und ihrer Weltlichkeit.

Ich traf Mumia Abu-Jamal das erste Mal im Mai 1995, ohne eine Vorstellung davon zu haben, was mich erwartete. Ich hatte davor schon zahlreiche Gefängnisse besucht, von bastilleähnlichen Festungen in Großbritannien bis hin zu nigerianischen Höllenverliesen, wo (anstelle von Nato-Stacheldraht) Geier auf den Mauern aufgereiht saßen, die mit ihren häßlichen Schrumpfköpfen mal hierhin und mal dorthin schauten. Aber ich habe noch nie ein Todeshaus von innen gesehen.

Der Todestrakt war ein Schock für mich. Aber noch viel weniger war ich auf den Mann vorbereitet, den ich besuchen ging: ein großer, athletisch gebauter Afroamerikaner, dessen joie d'vivre[6a] seine Hälfte des winzigen Besuchsraums füllte und durch die Trennscheibe in meine Hälfte herüberzufluten schien. Während ich ihm nun gegenübersaß, entdeckte ich einen brillanten, mitfühlenden, herzlichen, redegewandten Menschen – einen Menschen mit ungewöhnlichem Charakter, voller Gelassenheit und innerlich gewachsen durch sein Leiden. Gleich von Anfang an redeten Mumia und ich von Herz zu Herz miteinander. Für einen vorbeigehenden Wärter muß es ein seltsamer Anblick gewesen sein: Zwei Zellengenossen saßen da beieinander – der eine ein kahlköpfiger, weißer Prediger eines religiösen Ordens, der andere ein afroamerikanischer Gefangener, dessen lange Dreadlocks und sein großstädtisches Auftreten einen total unterschiedlichen Hintergrund verrieten.

Noch viel eigenartiger war, daß wir eine Übereinstimmung in den Werten und Anschauungen feststellten, die wir mit unseren geistigen Familien teilen – Mumias geliebte Brüder und Schwestern in der MOVE-Organisation und meine Glaubensbrüder und -schwestern vom Bruderhof, einer Gemeindebewegung, die sich auf die Lehren aus dem Neuen Testament beruft. Je mehr wir voneinander lernten, desto

näher fühlten wir uns einander.
Ich setzte meine wöchentlichen Besuche bei Mumia fort. Zunehmend wurden uns allen auf dem Bruderhof die himmelschreienden Ungerechtigkeiten seines Prozesses bewußt, und wir wurden immer stärker in der internationalen Kampagne gegen sein Todesurteil aktiv. Wir beteiligten uns an Kundgebungen, schrieben an Regierungsbeamte und Zeitungsredakteure und druckten seine Texte in unserem Journal The Plough[7] ab. Es war nicht überraschend, daß wir dafür eine Menge Kritik zu hören bekamen, und viele, die sich vorher unsere Freunde nannten, uns dafür tadelten, daß wir uns mit solch radikaler »Politik abgeben« würden. Andererseits gewannen wir aber Hunderte neue Freunde, darunter Gefangene aus den Todestrakten, Schriftsteller, Künstler und Rapper, Sozialarbeiter, Lehrer, Aktivisten und andere religiöse und weltliche Gruppen, die sich in Opposition zur Todesstrafe befinden. Der Kontakt zu Mumia ist für uns zu einer großen Bereicherung geworden.
Unser Engagement ist aber sicher durch mehr als nur Mumias Fall angespornt worden: Unsere Kirche hat sich immer schon gegen jede Form der individuellen und staatlich sanktionierten Gewalt ausgesprochen – angefangen bei der Behandlung der Juden in Nazi-Deutschland bis zu der Bombardierung von Vietnam und Irak. Aber auch ohne die historischen Präzedenzfälle hätten wir nicht geschwiegen. Warum? Weil das Leben eines Unschuldigen in Gefahr ist.
Mumia ist in Wirklichkeit ein Gefangener aus Gewissensgründen. Schon lange vor seiner Verhaftung 1981 – angefangen bei seinen Jahren als Jugendlicher in der Black Panther Party bis hin zu seiner Laufbahn als

Radiojournalist – haben sein Engagement für die Ideale der Aufrichtigkeit und Fairneß und seine unermüdlichen Versuche, die Lüge der staatlichen »Gerechtigkeit« zu demaskieren, ihn seine Freiheit gekostet. Tragischerweise kann es ihn auch das Leben kosten.

Erst kürzlich ist er bestraft worden, weil er ein Buch geschrieben hat – seine kontroversen Enthüllungen in »Live from Death Row"[8]. Mumia ist dadurch schmerzlich bewußt geworden, wie schnell die liberalsten Bürgerrechte in der Welt beschnitten werden, wenn die politische Macht in Gefahr ist. Dennoch fährt er fort, sich öffentlich frei zu äußern. Und für uns als seine Mitmenschen, als seine Brüder und Schwestern, war es eine Sache des Gewissens, ihm beizustehen und auf Papier an die Öffentlichkeit zu bringen, was er denkt und fühlt. Also haben seine Blüten die Stahlbetonmauern, die ihn isolieren, überwunden – Blüten der Gedanken und des Geistes. Er hatte seine Gedanken neben das hingekritzelte Symbol einer Blume niedergeschrieben, und wenn er sich darauf bezog, so hielt er seine an den Handgelenken gefesselten Hände hoch, öffnete sie nach oben wie einen Kelch und ließ seine Finger sich zu einem Blütenstand entfalten. So fanden sie ihren Weg nach draußen und ließen die Gefängnisumzäunung weit hinter sich.

Ich habe Mumia nun schon seit 18 Monaten als sein »Seelsorger« besucht[9]. Es hat Tage gegeben, da habe ich den »Trakt« bedrückt von Depressionen und niedergeschlagen von den kleinen Problemen, die jeden von uns von Zeit zu Zeit plagen können, betreten. Wenn ich ihn dann aber wieder verließ, war ich total erfrischt und gestärkt. Wie kann es sein, daß ein solcher Lebensquell im

Todestrakt entspringt? Daß ein zum Tode Verurteilter ernsthaft und sogar überschwenglich über die »Wunder und Freuden des Lebens« spricht? Wie kann es nur sein, daß ein verachteter Gefangener, den man in der gottverlassensten Gegend von Pennsylvania in eine Zelle gesperrt hat, die so groß ist wie ein Badezimmer, jene, die »frei« leben, mit dem Geist der Freiheit ansteckt?

Mumia ist einfach nur ein Mensch. Er schrieb mir im Sommer 1995 aus einem in sengende Hitze getauchten Gefängnisblock nahe Philadelphia. Dreizehn fürchterliche Tage vor seinem festgelegten (und dann plötzlich aufgehobenen) Hinrichtungstermin, schrie es aus seiner Seele:
»Ich würde lügen, wenn ich Dir weismachen wollte, ich hätte nicht diese Nächte gehabt – finstre Nächte der Seele, in denen der Tod ein willkommener Gast wäre. Manchmal möchte ich es herausschreien: 'Ich bin kein Symbol, ich bin ein Mensch!' Aber dabei versagt mir meine legendäre 'Stimme' ihren Dienst. Ich bin nicht mehr und nicht weniger als ein Mensch – ein Mensch, der in einer bewegten See voller Feindseligkeit um Luft ringt. Während ich nach einer sicheren Küste, einem sicheren Hafen Ausschau halte, werde ich derart von den Wallungen der See gebeutelt, daß sie meine Existenz zu ertränken droht... Für mich bringt das 'Gesetz' keine Rettung, ist vielmehr wie ein großer, wütender Wal, der auf der Suche nach Beute immer engere Kreise um mich zieht.«
Und so sitzt er heute im Todestrakt, mit ungewisser Zukunft, aber beseelt von einem Geist, der nicht in Fesseln zu legen ist. Er schreibt dazu in einem weiteren Brief:
»...Einsamkeit ist nichts als eine Illusion. Ein Mensch, der

an einem der am meisten verdammten Orte dieser Erde 'lebt', ist nicht wirklich allein. Amerikas Hinrichtungsstätten sind lange nicht so hermetisch abgeriegelt, wie manche glauben mögen. Wie soll denn auch der Geist daran gehindert werden, diese Mauern zu überwinden?«

Es heißt, wenn ein Schriftsteller seine Seele in einem Buch entblößt, dann reise ein kleines Stück davon zu jedem Leser. Hier also, von Mumia Abu-Jamals Herz und Seele, machen sich die Blumen, die sein Geist erblühen läßt, auf den Weg zu euch.

New Meadow Run Bruderhof
Oktober 1996

Eine Disziplinarstrafe, weil ich schreibe

Am 3. Juni 1995, einen Tag nach Unterzeichnung des ersten Hinrichtungsbefehls, wurde ich mit einem Disziplinarverfahren konfrontiert. Es lag eine Anzeige wegen »unerlaubter Betätigung in einem Gewerbe oder Beruf« gegen mich vor – weil ich weiter als Journalist aktiv bin. Der Staat will mit allen Mitteln verhindern, daß ihr lesen könnt, was ich schreibe. Weil ich es wage, die Wahrheit auszusprechen oder aufzuschreiben, bestrafen sie mich erneut, obwohl ich schon der härtesten Strafe unterworfen bin, die das System vorsieht.

Das Vergehen?

Mein Buch »...aus der Todeszelle/Live from Death Row«. Darin zeichne ich ein wenig schmeichelhaftes Bild dieses Gefängnissystems, das sich selbst das Etikett »Resozialisierung« anheftet. Es bringt aber kaum etwas anderes fertig, als Menschenseelen zu korrumpieren. Dieses System, das Jahr für Jahr Hunderte von Millionen Dollar verschlingt, um Zehntausende Frauen und Männer zu foltern, zu verletzen und zu verstümmeln. Dieses System, das Bitterkeit lehrt und Haß schürt.

Offensichtlich verfolgt die Regierung nicht einfach das Ziel, Menschen zu töten, sondern sie zum Schweigen zu bringen. Nur ein verstummter Häftling ist ein »resozialisierter« Häftling. Einer der redet, schreibt und den Horror, den er erlebt, beim Namen nennt, kriegt ein Disziplinarverfahren. Haben wir es also mit einem korrekten System zu tun? Einem System, dem es um Verhaltenskorrektur, um

»Besserung«, geht?
Für diese Behörde ist der erste Zusatzartikel zur Verfassung – das Recht der freien Rede – null und nichtig. Er kommt nicht zur Anwendung.
Aber niemand – kein Polizist, kein Wärter – wird eine einzige Lüge in meinem Buch finden. Es ist vielmehr genau wegen seines Wahrheitsgehaltes zur Zielscheibe des Staates und seiner Günstlinge geworden. Kein Mensch soll diese Wahrheiten erfahren.
Jeder sollte sich aber fragen, warum über nichts dergleichen im Fernsehen, im Radio oder in den Zeitungen berichtet wird! Zeitungen, Radio- und Fernsehanstalten sind zunehmend im Besitz multinationaler Konzerne oder reicher Einzelpersonen. Deshalb vermitteln sie die Ansichten der Reichen und Etablierten, nicht die der Armen und Machtlosen.
In meinem Buch »...aus der Todeszelle« sind die Stimmen der vielen, der Unterdrückten, der Verdammten und derjenigen zu hören, auf die der Staat Bomben werfen läßt. Ich habe einen hohen Preis dafür gezahlt, euch das alles nahe zu bringen, und ich werde noch mehr dafür bezahlen. Aber ihr sollt wissen: Ich würde es ungeachtet aller Konsequenzen tausendmal wieder tun, weil es richtig ist!
Um John Africa zu zitieren: »Wenn ihr euch entschlossen habt, das Richtige zu tun, dann wird euch die Kraft der Rechtschaffenheit niemals verlassen...«
Es war richtig, mein Buch zu schreiben, und es ist richtig, wenn ihr es lest, egal ob irgendein Polizist, Wärter, Knastbürokrat, Politiker oder Mediensprecher euch etwas anderes erzählt.
Zweifellos habt ihr schon oft in euerem Leben von der »freien Rede« und »freien Presse« gehört. Aber welche

Bedeutung hat schon eine solche »Freiheit“, wenn ihr nicht die Freiheit habt, zu entscheiden, was ihr lesen oder hören wollt?
Beim Lesen dieser Zeilen solltet ihr euch bewußt sein, daß ich von der Regierung dafür bestraft worden bin, mein Buch »...aus der Todeszelle« und die vor euch liegenden Worte geschrieben zu haben. Schon seit meinem fünfzehnten Lebensjahr werde ich von der Regierung der Vereinigten Staaten für das bestraft, was ich schreibe.
Trotzdem habe ich unbeirrt weitergeschrieben.

Und ihr: hört nicht auf zu lesen!

Bücher kann man nicht umbringen

Der vom Staat geförderte Autor wird immer nur das Schreiben, was die Leute hören wollen: das, was erlaubt ist. Es ist bemerkenswert, daß sogar in unserer heutigen Zeit Autoren von Satire, Gesellschaftskritik und Meinungsäußerungen wegen ihrer Worte verfolgt, bedroht und zum Tode verurteilt werden können.
Nehmen wir zum Beispiel Salman Rushdie. Wie viele Leute haben seine Werke wirklich gelesen? Ich habe die »Satanischen Verse« und »Harun und das Meer der Geschichten« gelesen, und wenn ich hier auch nicht als Muslim sprechen kann, so finde ich doch, daß er ein faszinierender, humorvoller und äußerst guter Schriftsteller ist. Ich kann gut verstehen, warum sich der Staat durch seine Werke bedroht fühlt. Ich verstehe nur nicht, warum die Herrschenden alles daran setzen, Rushdies Bücher unsterblich zu machen.

Wenn wir in den vergangenen zweitausend Jahren eine Sache gelernt haben, dann doch wohl die, daß man ein Buch nicht umbringen kann. Einer der besten Science-Fiction-Filme, den ich je sah, trägt den Titel »Fahrenheit 451« (das ist die Temperatur, bei der sich Papier von selbst entzündet). Der Film beruht auf einem Roman von Ray Bradbury. Darin wird eine Gesellschaft der Zukunft geschildert, aus der Bücher völlig verbannt sind, und in der es den Leuten verboten ist, unorthodoxe Ideen zu haben. In dieser Gesellschaft sind Menschen, die Bücher lesen, »subversive Elemente«. Sie haben ihre Bücher auf Dachböden, in Kellern

und hinter doppelten Wänden versteckt. Im Film erzählt eine alte Frau einem jungen Mädchen davon, daß sie Bücher liebt und auch einige auf ihrem Dachboden versteckt hat. Irgendwie spricht sich das herum, der Alarm wird ausgelöst und die Feuerwehr gerufen. Diese eilt herbei, bricht die Türen mit Äxten auf und legt überall Feuer. Das Haus brennt bis auf die Grundmauern nieder. Gegen Ende des Films fliehen die Subversiven oder Rebellen aus diesem Land und gehen an einen Ort, wo Menschen zu Büchern werden, indem jeder von ihnen eins auswendig lernt.
Der Film versucht zu zeigen, wie weit der Staat gehen wird, um Bücher und alles, was ihm gefährlich werden könnte, zu verbieten. Der Film zeigt aber auch, wie sinnlos all diese Maßnahmen sind – ein Buch kann man nicht umbringen.

Die Todesstrafe

Die Todesstrafe ist ein Produkt staatlicher Politik, und die Politiker treten öffentlich für sie ein, um sich auf diese Weise den Zugang zu höheren Ämtern zu verschaffen. Es ist sehr populär, einzelne Fälle – und zwar immer die grausigsten – herauszugreifen, um davon Verallgemeinerungen über Gefangene in Todestrakten abzuleiten und die gegen sie verhängten Urteile zu rechtfertigen. Aber das ist hinterhältig, verlogen und hat nichts mit der Wirklichkeit zu tun. Die Politiker reden über die Menschen in den Todestrakten, als seien sie die Schlimmsten von den Schlimmen, als seien sie Monster oder so was. Aber niemand spricht davon, daß Tausende Männer und Frauen in unserem Land geringere Strafen für ähnliche oder sogar identische Straftaten absitzen. Oder andere, die dank ihres Reichtums und weil sie sich einen guten Anwalt ihres Vertrauens leisten können, niemals ein Gefängnis von innen sehen. Das Strafjustizsystem bezeichnet sich selber als gerechtes System, aber es urteilt nach Privilegien, Reichtum, Macht, sozialem Status und nicht zuletzt Rasse, um zu bestimmen, wer im Todestrakt landet.

Warum ist das so, daß Pennsylvanias Afroamerikaner, die nur 9% der Bevölkerung ausmachen, annähernd Zweidrittel der Gefangenen in den Todestrakten stellen? Das liegt daran, daß in Städten wie Philadelphia, Houston, Miami und anderen die Politiker ihre Karrieren darauf aufgebaut haben, Menschen in die Todestrakte zu stecken. Sie sorgen damit nicht für mehr Sicherheit für ihre Wähler. Durch ihr Beispiel unterstützen sie auch nicht die Rechtsprechung.

Sie offenbaren schlicht und einfach die Parteilichkeit der Justiz.
Wir sollten niemals vergessen, daß die überwältigende Mehrheit der Menschen in den Todestrakten aus armen Verhältnissen kommt. Die meisten von ihnen sind nicht in der Lage, die Mittel für eine adäquate Verteidigung aufzubringen, um mit ihren staatlichen Kontrahenten mithalten zu können. Sie haben nicht einmal das Geld, sich einen anständigen Anzug für die Gerichtsverhandlung zu kaufen. Wie der Prozeß gegen O.J. Simpson deutlich gemacht hat, bekommt jeder die Verteidigung, die er sich auch leisten kann. In Pennsylvania, New Jersey und New York, in Florida, in Texas, in Illinois und Kalifornien sind die meisten Leute allein deshalb im Todestrakt, weil sie nicht die bestmögliche Verteidigung hatten wie O.J. Simpson.
Eins der meistverbreiteten Argumente für die Todesstrafe ist, daß sie angeblich hilft, Straftaten zu verhindern. Unzählige Untersuchungen haben aber ergeben, daß das nicht stimmt. Wenn die Todesstrafe überhaupt etwas verhindert, dann rationales Denken. Wie kann sie in einer angeblich aufgeklärten demokratischen Gesellschaft sonst überhaupt möglich sein? Solange wir nicht die üble Irrationalität der Todesstrafe erkennen, werden wir damit Stein für Stein – Exekution für Exekution – einen finsteren Tempel der Furcht aufbauen.

Wieviele Leben werden noch auf seinem Altar geopfert?

Erinnerungen an Moser

Vor kurzem stieß ich auf Worte von Khalil Gibran, einem Helden meiner Kindertage, die mich zum Nachdenken brachten wie schon lange nichts mehr. Wer den folgenden Abschnitt aus »Der Prophet« liest, muß einfach eine Pause zum Nachdenken einlegen:

Oft habe ich euch von einem,
der ein Unrecht begeht, reden hören,
als sei er nicht einer von euch
sondern ein Fremder
und ein Eindringling in eure Welt.
Aber ich sage euch, selbst wie der Heilige
und Rechtschaffene
nicht über das Höchste hinaussteigen kann,
das in jedem von euch ist,
so kann der Böse und Schwache
nicht tiefer fallen als das Niedrigste, das auch in euch ist.
Und wie ein einzelnes Blatt nicht ohne das stille Wissen
des ganzen Baumes vergilbt,
so kann auch der Übeltäter kein Unrecht tun
ohne den verborgenen Willen von euch allen.
Wie in einer Prozession geht ihr zusammen
eurem göttlichen Ich entgegen.
Ihr seid der Weg und die Reisenden.
Und wenn einer von euch fällt, fällt er
für die hinter ihm,
eine Warnung vor dem Stolperstein.

Ja, und er fällt für die vor ihm,
die, obgleich schneller und sicherer im Schritt,
den Stein des Anstoßes nicht entfernen.[10]

Da saß ich also nun im Todestrakt, und nicht nur im Todestrakt, sondern in Phase II[11], inmitten von Männern, die wie ich nur noch wenige Wochen zu leben hatten.
Einer von ihnen, ein Vietnamveteran mittleren Alters mit einer quäkenden Stimme, wollte lieber sterben, als in dieser aus lauter Zellen bestehenden Hölle weiter leben zu müssen. Er hatte sich geweigert, Berufung einzulegen, und starb deshalb durch die tödliche Injektion, durch einen Justizmord, auf staatliche Anordnung. Sein Name war Leon Moser.
Er lag zwei Zellen neben mir und ich versuchte, ihn dazu zu bewegen, um sein Leben zu kämpfen, gegen die politischen Huren anzugehen, die sein Leben und sogar seinen Tod noch dazu benutzten, auf der Karriereleiter weiter aufzusteigen und höhere Ämter, wie zum Beispiel das eines gewählten Richters, zu erreichen.
»Sieh mal, Mann, ich weiß wie's dir geht. Verdammt, wenn ich so ein weißer Typ mittleren Alters aus der Pampa wäre und hier unter all den Schwarzen und Hispanics gelandet wäre, Mensch – hey – dann würd ich's genauso machen, oder mich genauso fühlen. Graterford[12] muß dir doch so vorkommen, als wärst du im Ausland.
Und wär's nicht `ne große Sache, den schleimigen Typen da unten im Büro des Staatsanwalts eins auszuwischen? Die bauen doch ihre Karriere darauf auf, daß es bei dir um Leben und Tod geht. Ich weiß, daß du Staatsanwälte haßt!«
»Ja, ich denk', daß Staatsanwälte schäbige Typen sind. Aber es ist mir wirklich egal, ob ich hingerichtet werde. Was mich angeht, so ist der Mann, den sie verurteilt haben, schon vor mehr als zehn Jahren gestorben. Es hat überhaupt keine Bedeutung, wenn ich exekutiert werde, weil der Mann, um den's da geht, schon lange nicht mehr

lebt. Wenn sie mich umbringen, Jamal, dann ist das ungefähr so, als würde der Müll rausgestellt.«

Moser hat den Tod willkommen geheißen wie eine vor langer Zeit verlorene Geliebte, und in seiner Blutrünstigkeit hat der Staat ihn in die Ewigkeit hinaufgeschleudert. Dabei haben sie sogar die Versuche eines Bundesrichters, telefonisch zu intervenieren, ignoriert. Die Verteidiger haben diese Hinrichtung als einen Wettlauf mit dem Tod kritisiert.

Die paar Mal, die ich ihn in der dunklen, feuchten und stickigen Phase II zu Gesicht bekommen habe, kam mir Moser fünfzehn Jahre älter vor als er tatsächlich war. Sein Haar war nicht mehr braun, sondern weiß, sein Bart reichte ihm bis auf die Brust und sah wie eine weiße Bürste aus, sein Gesicht hatte keine Ähnlichkeit mehr mit den Fotos, die in den Tageszeitungen veröffentlicht worden waren. Auf denen war ein junges, weniger faltiges Gesicht mit braunem Haarschopf zu sehen.

Beim Gehen humpelte er immer, als würde ein Dämon von der Größe eines bösartigen Elefanten auf seinen Schultern sitzen, der ihn mehr und mehr und immer mehr nach unten drückt.

Darf so jemand nicht die Hoffnung haben, daß der Tod wie eine Begnadigung für ihn ist?

NEW TRIAL TO FREE MUMIA
No to the racist death penalty
STOP THE EXECUTIONS
212-633-6646
215-724-1618
Market-Frankford

Politik

Die Leute sagen, sie kümmerten sich nicht um Politik, sie seien nicht engagiert und wollten sich nicht einmischen. Aber trotzdem tun sie es. Der Unterschied ist nur, daß sich ihr Engagement als Gleichgültigkeit oder Ignoranz zeigt. Durch dieses stillschweigende Dulden, das Millionen praktizieren, wird das System gestützt. Denn wer sich nicht gegen ein System auflehnt und nichts unternimmt, es zu erschüttern, dessen Schweigen wird zur Zustimmung, Diese Gleichgültigkeit wird mit allerlei Argumenten gerechtfertigt. Manche berufen sich sogar auf Gott, um den Status quo zu verteidigen. Sie reden von Recht und Ordnung. Aber schaut euch doch dieses System und seine soziale »Ordnung« an. Könnt ihr darin einen Gott entdecken? Oder Recht und Ordnung? Da ist nichts als Unordnung, und anstelle von Recht finden wir nur die Illusion von Sicherheit. Es ist nichts als eine Illusion, weil dieses System auf eine lange Geschichte von Unrecht, Rassismus, Verbrechen, Versklavung und dem Völkermord an Millionen Menschen zurückblickt und darauf aufgebaut ist. Viele meinen, es sei verrückt, Widerstand gegen das System zu leisten, aber tatsächlich ist verrückt, es nicht zu tun.

Auf der Suche

I. Im Leben geht es immer um die Suche nach Antworten auf die grundlegenden Fragen: Was ist Leben? Wer ist Gott? Warum?

Als Junge hat mich diese Suche an die seltsamsten Orte geführt. Wenn Mutter uns in die Kirche schleppte, dann schien es mehr zu ihrem Trost zu sein als zu unserem. Als eine Frau, die die meiste Zeit ihres Lebens im Süden der USA verbracht hat, muß sie oben im Norden eine unglaubliche soziale Kälte gespürt haben. »Unten in der Heimat«, das war für sie »unten im Süden«, denn auch nach mehr als einem Jahrzehnt war der Beton- und Ziegelsteindschungel, durch den wir uns jeden Tag bewegten, nicht ihre Heimat.

Nur wenn sie in der Kirche war, schien Mutter wieder nach Hause zurückgekehrt zu sein. Dieser Ort war ein Refugium, an dem Frauen ihres Alters nach ein paar Stunden Ruhe für ihre Seele suchten, während der Prediger seine Messe hielt. Auf eine Art waren die Sonntagsausflüge in die Kirche ihre allwöchentliche »Heimkehr«. Die Kirchen waren wie Inseln des Südens – seiner Kameradschaft, seiner Rhythmen, seiner geistigen Gemeinschaft –, die in den Norden gekommen waren.

Für mich selber aber, wie für die meisten meiner Geschwister, war die Kirche etwas Fremdes. Wir haben schließlich nie in Mutters Geburtsland, dem Süden, gelebt (und waren selten zu Besuch dort), und das rauhe Milieu mit seiner stampfenden Orgel und seinen Tamburin schwingenden, schweißgetränkten Menschen konnte uns nur fremd sein. Wir waren keine »southerners«.

Schwarze Prediger, vor allem die, die aus dem Süden stammen, sind extrovertiert in ihrem Stil, in ihrer Ausdrucksweise und ihrem Sprachrhythmus. Sie schreien, kreischen, krächzen, summen oder singen. Einige stolzieren herum wie auf einer Bühne, andere tanzen. Vor allem schwarze Baptistenprediger sind niemals langweilig oder monoton. Ihre Predigten sind zwar nicht besonders intellektuell, aber das sollen sie auch nicht sein. Sie predigen vor Gemeindemitgliedern, deren Seelen die ganze Woche lang getreten und geschlagen worden sind. Sonntage sind für sie jene Tage, an denen die Seele Erhebung braucht und nicht der Verstand. Deshalb müssen die Prediger etwas inszenieren, und ihre Predigten werden zu Übungen in Überschwenglichkeit.

In meiner Erinnerung sehe ich mich, wie ich den Prediger anstarre. Sein faltiges Gesicht glänzt vor Schweiß, seine Augen sind geschlossen, die Lippen sind in einer feierlichen Grimasse erstarrt. Ich frage mich: »Was zum Teufel hat er grad gesagt?« Sein schwerer südlicher Akzent, der meiner Mutter so vertraut war, klang für mich wie Chinesisch. Einerseits ärgerte mich das, andererseits interessierte es mich nicht die Bohne. Es scherte mich so gut wie gar nicht, was der Prediger erzählte, und ihn scherte es ebensowenig, was ich dachte. Mein einziger Gedanke war: »Ich sterbe vor Langeweile.«

Der einzige »Segen«, den ich in der Kirche verspürte, war die leidenschaftliche Freude, die mich überkam, wenn ich

mich umschaute. Mir ging durch den Kopf: »Hier sind ein paar der hübschesten Mädchen der ganzen Welt!«
Ich war in Tagträume versunken, in tiefer Bewunderung, und blieb mit meinen Augen auf einem Mädchen ein paar Reihen hinter mir hängen. Sie trug frisch geglättetes Haar, ein frisch gestärktes Kleid und Lackschuhe, die unglaublich glänzten. Ihre dunkelbraunen Beine schimmerten vom Glanz der Vaseline...
Jäh holte mich ein schmerzhafter Stoß aus meinen Verzückungen, und Mutter zischte mir mit zusammengepreßten Lippen zu: »Junge, beweg sofort deinen kleinen Hintern und dreh dich nach vorn! Setz dich grade hin!« Ich kochte innerlich. Wer hat schon Lust, einen alten Prediger anzugaffen, wenn es da auch ein hübsches Mädchen gibt? Hätt ich zwischen denen zu wählen gehabt, dann wär klar gewesen, wer gewonnen hätt. Aber ich war erst zehn Jahre alt. Mutter traf die Entscheidung für mich. Mit finsterer Miene drehte ich mich herum.

Nur wenige Jahre später, als ich nicht mehr gezwungen wurde, zur Kirche zu gehen, fing ich an, die spirituellen Sphären näher zu erforschen. Manchmal besuchte ich Vaters Kirche. Obwohl Mutter durch und durch Baptistin war, gehörte Vater der Episkopalkirche an. Er hatte mir das Lesen mit Hilfe der Bibel beigebracht und schien seine Freude daran zu haben, mir beim Vorlesen aus der Heiligen Schrift zuzuhören.
Nach der Rauheit von Mutters Baptistenkirche schien mir Vaters Episkopalkirche deren ruhige Antithese zu sein. Während es bei den Baptisten sehr beengt zuging, gab es bei den Episkopalen genug Platz. Die Baptisten sangen und tanzten, die Episkopalen waren zurückhaltend und steif. In

North Philly rasselten Mutters Freunde mit ihren Tamburins, während Vater in den mir fremden Randbezirken von Southwest Philly Lobeshymnen sang.

Vaters Kirche war ungeheuer groß, sie hatte eine Ausstrahlung von etwas Wesentlichem und von Reichtum, dennoch fühlte ich mich dort nicht zu Hause. Mutters Kirche war eine enge Schwitzbude, Vaters Kirche hingegen eine kühle Festung.

Bald schon begann ich, nach einem eigenen Refugium für meine Seele zu suchen, und ging dorthin, wohin mich der Geist meinem Gefühl nach führte. Zum Beispiel in die Synagoge.

II. Durch das Lesen der Bibel und anderer Bücher wußte ich, daß die Schriften das Wort Gottes sein sollten. Daraus schloß ich, daß ich dieses Wort in seiner reinsten Form bei den Juden finden würde, deren Glaube im Alten Testament verwurzelt ist. Also machte ich mich eines Tages auf die Suche.

In North Phillys geschäftigen schwarzen und puertoricanischen Stadtvierteln lebten die Juden abgesondert als eine kleine Minderheit – einige alte Männer und wenige Frauen, die davon lebten, Hühner, Kleidung oder Erdnüsse zu verkaufen. Ihr Gebetshaus war jedoch alles andere als besonders: eine winzige Synagoge, abgeschieden und eingeklemmt zwischen Schaufenstern, die sie einrahmten.

Drinnen im Flur standen sechs oder sieben alte Männer, die

in einer mir unbekannten Sprache psalmodierten. Sie trugen Yarmulken auf ihren Köpfen und ihre gebeugten Schultern waren bedeckt mit Gebetsschals, die kreuzweise über ihre Brust gebunden waren. Der Raum war dunkel, und das bißchen Sonne, das hereinsickerte, konnte diese Finsternis kaum durchdringen. Staubpartikel schwammen wie Goldfische in den Strahlen des gefilterten Lichts. Noch heute erinnere ich mich gut an diesen Staub, diesen Staub alter Steine, alter Männer. Und den Geruch alter Männer.
Der Rabbi, dessen Augen durch starke Brillengläser vergrößert wurden, schlurfte mit hängenden Schultern zu mir herüber und sah mich mit prüfendem Blick an:
»Kann ich d'r helfen, junger Mann?« Der Klang seiner Stimme war guttural, heiser, gefärbt durch sein Jiddisch. Mein Herein-kommen schien um ihn herum eine Aura der Angst ausge-löst zu haben – oder bildete ich es mir nur ein? Wer war der große, bartlose Jugendliche, der ihm gegenübertrat?

Weil große schwarze Männer es so beigebracht bekommen, machte ich mich mental kleiner und schaute ihn verlegen an, während ich die Gründe darlegte, die mich in die Synagoge geführt hatten.
»Also, Sir, ich – ähm..., also ich – ähm..., ich möchte etwas über das Judentum lernen.«
»Warum das?«
»Also ich bin interessiert, etwas über die Religion zu lernen, die das Christentum begründete.«
»Tja..., warum d'n?«
»Hmm... weil ich denk, daß ich Jude werden will.«
»Was willst? Wie meinst das? Warum sagst das?«
»Also, ich bin an der ursprünglichen Religion interessiert.

Ich habe gelesen, daß an der Bibel herumgepfuscht worden ist. Es gibt verschiedene Übersetzungen und so. Ich will genau studieren, was Gott wirklich gesagt hat, wissen Sie...?«

Der Rabbi starrte mich an. Er versuchte, eine Antwort zu formulieren, aber er brachte kein Wort über die Lippen. Ich blickte ihm in die Augen und sah, wie sich darin Ungläubigkeit und stilles Erstaunen abwechselten. »Meint der's ernst? Spinnt der?« schien er sich zu fragen. Dann schaute er sich um, so als suchte er nach irgend etwas.

»Wart a Minütel.«

»Das wird d'r weiterhelfen, junger Mann«, sagte er zu mir und gab mir einen Umschlag, während er mich zur Tür brachte.

»Wennst fertig bist damit, kommst wieder her, ja?!«

»Danke, Sir.«

»Was mer grad' noch ei'fällt: Hast g'wußt, daß es gibt schwarze Jud'n? Hast je von Sammy Davis chunior g'hört?«

Ich nickte.

»Nu, er is a schwarzer Jud, weißt?«

Dann wünschte er mir einen guten Tag. Voller Erwartung verließ ich die Market-Street-Synagoge und raste nach Hause.

Kaum in meinem Zimmer, riß ich den dicken braunen Umschlag auf und fand darin ein dünnes, rostfarbenes, in Leder gebundenes Bändchen. Ich schlug es auf, hielt aber enttäuscht inne. Was war das denn? Es gab nicht ein einziges englisches Wort zwischen seinen Buchdeckeln! Von vorn bis hinten war es in Hebräisch geschrieben. Mir traten Tränen in die Augen. Offensichtlich war meine Suche noch nicht beendet.

III. Der erste Besuch, den ich einer katholischen Kirche abstattete, führte mich an einen Ort der Gegensätze, einen Ort, an dem die in Stein gemeißelten Gesichter Ehrfurcht ausstrahlten, aus den Gesichtern aus Fleisch und Blut aber ungezügelter Haß sprach.
Ich erinnere mich daran, wie ich in der Messe saß und den Priestern bei ihrer fremd klingenden Liturgie zuhörte – Agnus Dei, qui tollis peccata mundi...miserere nobis – und dann bemerkte, wie sie alle ihre Köpfe nach mir drehten, ihre Gesichter von Furchen des Hasses überzogen, der sich gegen mich richtete, einen schlaksigen schwarzen Jungen, der mitten unter diesen Weißen kniete.
»Kennen die mich?« fragte ich mich. »Warum sind sie so wütend auf mich?«
Ich war durcheinander und gleichzeitig erstaunt: Wie konnte es angehen, daß dieses Gotteshaus sich so offen in ein Haus des Hasses gegen jemanden verwandelte, der auf der Suche war nach Gottes Gegenwart in seinen Mauern? War dies nicht die universelle Kirche, die Mutterkirche? Obwohl ich noch ein Teenager war, begriff ich sehr wohl, was ich sah, und ich verstand die Gefühle der Leute um mich herum. Matronengesichter unter streng geknoteten Kopftüchern, diese stillen, soliden Mittelklasse-Polen, -Ukrainer und -Slawen (es gab auch ein paar wenige Puertoricaner) sagten kein einziges Wort, aber ihre Gesichter, ihre kalt starrenden Augen und fest zusammen-

gekniffenen Münder sprachen lauter zu mir, als es Schreie je hätten tun können:
»Nigger! Was hast du in unserer Kirche zu suchen? In unserer Kirche?«
In den folgenden Tagen, Wochen und Monaten ging mir diese eine Frage nicht mehr aus dem Kopf.
In der Kirche, die einst als Ort der Abgeschiedenheit für spirituelle Vertiefung in die katechetischen Mysterien gegolten hatte, schlug mir nun allein wegen meiner dunklen Hautfarbe Haß entgegen.

Im Katechismusunterricht hatte ich die eine Welt kennengelernt, beim Betreten der Kirche eine ganz andere.
Den rettenden Strohhalm fand ich am 4. April 1968, dem Tag, an dem Martin Luther King jr. ermordet wurde. Ich war unterwegs zum Katechismusunterricht und schleppte mich gerade zum Pfarrhaus. Meine langsame Gangart schien meinen inneren Widerwillen widerzuspiegeln. Etwas drückte tonnenschwer auf mein Gemüt.
»King glaubte an die Gewaltlosigkeit – und dennoch haben sie ihn umgebracht!«
»Sie? Wer ist sie?«
»Die Weißen – die Weißen konnten es nicht ertragen, ihn zu hören, ihn zu sehen!«
Ich befand mich im Widerstreit mit mir selbst...
Als ich nahe St. John's aus dem Trolleybus ausstieg, waren meine Beine wie Blei. Ich kroch dahin wie eine Schnecke.
Als wir uns mit dem Pater hinsetzten, um den Unterricht zu beginnen, bemerkte er, wie bedrückt ich war.
»Was ist los, junger Mann? Du scheinst mit deinen Gedanken woanders zu sein.«
»Pater...«

»Ja, sprich nur weiter.«
»Ich habe heute in den Nachrichten gehört, daß Reverend Martin Luther King ermordet worden ist...«
»Das habe ich auch gehört. Einige der Pater und Brüder sind froh.«
»Froh?«
»Ja. Sie sehen in ihm jemanden, der nur Ärger macht.«
»Wirklich? Stimmt das wirklich, Herr Pfarrer?«
»Ein paar, nicht alle. Vor allen Dingen nicht einer von unseren Patern.«
»Wieso ‚vor allen Dingen' keiner von unseren?«
»Also, wie soll ich sagen...also...einer unserer Pater ist zur Hälfte Schwarzer.«
»Wirklich, Herr Pfarrer?«
»Ja. Warum fragst du?«
»Glauben Sie, daß ich mit ihm sprechen kann?«
»Warum?«
»Nun, Herr Pfarrer, möglicherweise... – also vielleicht kann er verstehen, wie ich fühle.«
»Das kann schon sein, aber...mhh...du kannst nicht mit ihm sprechen.«
»Warum, Herr Pfarrer?«
»Also... – es ist ein Geheimnis. Ich kann dir nicht verraten, welcher der Pater es ist.«
Ein Mensch, ein Priester, der sich seiner Hautfarbe schämt? Ich war an diesem Abend zum Katechismusunterricht gekommen, weil ich Frieden suchte für den Sturm, der in meiner Seele wütete. Nun, als ich St. John verließ, befand ich mich weiter draußen auf dem tobendem Meer als vorher.

Nach all den Monaten! Ein halb schwarzer Priester! Schämt sich seiner Hautfarbe! Priester, die froh darüber waren, daß

King getötet worden war! Wo war ich nur gelandet? Was tat ich nur hier? Ich weinte bittere Tränen. Nicht wegen King – meiner Meinung nach hatte er falsch gehandelt, er war zu weichherzig und unrealistisch gewesen – sondern wegen meiner Eltern und all der anderen, die ihn verehrten. King war ein gebildeter Prediger der Gewaltlosigkeit, für diese Priester jedoch war er nichts als ein Nigger.
Was sollte ich an diesem Ort, wo seine Ermordung gefeiert wurde? Wenn sie so über ihn dachten, wie standen sie dann wirklich zu mir?
Ich weinte über den Verlust, den meine Mutter und ihre Generation empfanden – die Ermordung ihrer Träume, die Vernichtung ihrer gerade erst geborenen Hoffnungen. Ich weinte über den verlorenen Glauben eines Jungen. Ich weinte über ein Land, das sich am Rande des Chaos befand.

IV. Da ich als Jugendlicher schon vor meiner Zeit bei den Black Panthers ein schwarzer Nationalist war, war es eigentlich unausweichlich, daß meine Suche nach dem Sinn des Lebens meine Schritte früher oder später in eine nahegelegene Moschee lenken würde. Sie war nicht mehr als ein kleiner Laden auf einer abgelegenen Straße in South Philly. Das Haus war das völlige Gegenstück zu all den religiösen Stätten, die ich vorher aufgesucht hatte. Daß die christlichen und jüdischen Gebetshäuser reich verziert waren, war die Regel, vor allem bei den Kathedralen. Aber diese Moschee konnte nicht schlichter sein: die Wände waren weiß gestrichen, vorn war der Raum mit einer Schiefertafel geschmückt, die direkt vor den Versammelten stand. Es gab auch eine Fahne, die einen weißen Stern und einen Halbmond in einem leuchtenden roten Feld zeigte, mit einem Buchstaben in jeder Ecke: F, J, E und I – Freedom, Justice, Equality und Islam[13] .

Es war in einer Sommernacht, mitten in der Woche, deshalb waren nur wenige Menschen versammelt. Dennoch redete der Bruder Prediger, ein dunkelhäutiger Mann in einem Marineanzug mit Fliege, der, so glaube ich, den Namen Benjamin – Benjamin X – trug, voller Leidenschaft. Die gebannte Zuhörerschaft reagierte auf jeden seiner Sätze: »Oh ja!« »Das stimmt!« »Lehre uns, Bruder Prediger! Erwecke uns!« Sein Bariton war sanft, gefärbt von seinem allgegenwärtigen südlichen Akzent, den ich später in fast jeder Moschee wiederfand, die ich besuchte, egal ob nördlich oder südlich von der Mason-Dixon Linie[14]. Seine Botschaft allerdings war alles andere als sanft.

»Brüder... ich sage euch hier und jetzt, der weiße Mann ist der Teufel. Wenn ihr euch anseht, wie dieser Mann Millionen von uns aus Afrika verschleppt hat, unsere Mütter und Väter über vierhundert Jahre lang in die Sklaverei der Hölle Nordamerikas verkauft hat, wie er uns geschlagen hat, mißbraucht hat, gelyncht und gefoltert hat – nun, wie kann so jemand etwas anderes sein als ein Teufel?«

»Oh ja!«

»Predige weiter, Bruder Priester!«

»Unser Führer und Lehrer, der Ehrenwerte Elijah Muhammad[15] , lehrt uns, Brüder, daß die Zeit des Teufels ihrem Ende entgegengeht!«

»Genau, Bruder!«

»Erwecke uns!«
»Ich habe gesagt, die Zeit des Teufels geht ihrem Ende entgegen! Schaut euch um auf der ganzen Welt – von Vietnam bis Detroit – und ihr werdet feststellen, daß dem Weißen die Hölle heiß gemacht wird! Habe ich recht, Brüder?«
»Du hast recht!«
»Oh ja!«
Der Prediger Benjamin X schien stundenlang zu sprechen, und im Anschluß an seine Predigt wurde eine Sammlung veranstaltet.
Auf meinem Nachhauseweg dachte ich über die Übereinstimmungen meiner Erlebnisse bei den Baptisten und bei den Muslimen nach. Ich staunte darüber, wie sich die Worte des Predigers der Muslime – obwohl sein Mund von den Rhythmen und vom Pulsschlag des schwarzen Südens vibrierte und obwohl seine Botschaft von ihrem Inhalt her meine ethischen, historischen und kulturellen Realitäten ansprach – sich in weiten Strecken nach der Predigt eines Christen mit Frack und Fliege anhörten.
Der wesentliche Unterschied lag wahrscheinlich darin, wie sie jeweils das Böse definierten. Während die Baptisten von einem metaphysischen Teufel sprachen, predigten die Muslime über einen lebendigen Teufel. Es wollte mir nicht gelingen, mich selber von dem Glauben zu überzeugen, der Weiße sei übernatürlich, oder auch nur übernatürlich böse. Wenn überhaupt, so war er unnatürlich in seinem Menschsein, dachte ich bei mir. Es schien mehr als unwahrscheinlich, daß sie Teufel waren, genauso wenig wie sie Götter waren.

Ich mußte meine Suche fortsetzen.

Gedanken über Religion

Mahatma Gandhi wurde einmal in einem Interview gefragt: »Gandhi-ji, manchmal beten Sie in Tempeln, manchmal in Kirchen, manchmal in Moscheen. Welcher Religion gehören Sie an?« Gandhi antwortete: »Begleiten Sie mich ein paar Tage lang. Achten Sie auf das, was ich tue, wie ich gehe, was ich sage, und wie ich mich im allgemeinen verhalte. Das ist meine Religion.«

Es gibt so viele Religionen wie es Kulturen gibt und genauso viele Namen für die göttliche Erscheinung, die das jeweilige Herz jeder dieser Religionen ist. Der kraftspendende Einfluß des Glaubens hält sie untereinander getrennt, denn für jeden Anhänger und jede Anhängerin hat sie eine Wahrheit zum Inhalt, die – aus seiner oder ihrer Perspektive – die einzige Wahrheit ist. Alle gemeinsam bewegen sie sich in eine Richtung, sind wie Rinnsale, die sich zu einem mächtigen Fluß vereinigen.
Meine jugendliche Suche nach dem Sinn des Lebens offenbarte mir, egal wie verschieden auch das Unendliche sich im Gewand einer bestimmten Religion kleidete, es war da. In jeder Religion fand ich eine neue geistige Wahrnehmung des höchsten Gutes, das heißt, einen Glauben an Gott oder irgendeine andere Personifizierung des göttlichen Prinzips. Ich fand heraus, wie George Bernard Shaw es einmal sagte, daß es »nur eine Religion gibt, obgleich wir hundert Versionen von ihr kennen«.
Im Judaismus wird der Urkrieger als der allmächtige Jahweh oder Jehova verehrt. Für die Christen ist der jüdische Zimmermann Jeschua Gott und Mensch zugleich. Für die

Muslime verschmelzen die altertümlichen Götter Mekkas zu einem höheren Wesen – Al-Lah, der Gott. Im Hinduismus geht Krishna, der Gebieter, als ein blauschwarzer Gott aus einem unermeßlichen Pantheon altertümlicher Gottheiten hervor, der in einem ewigen heiligen Tanz herumwirbelt. Für die Buddhisten formen die Einsichten von Gautama Siddharta das Herz eines Glaubens, der das Versprechen der Erleuchtung und der Entdeckung des wahren Ich in sich trägt. In der Santaría, dem Condoblé und dem Voodoo haben die altertümlichen Götter der afrikanischen Antike überlebt und lächeln uns noch aus den Gesichtern der katholischen Heiligen an[16].

Im Wesensgehalt jeder Religion können wir eine Projektion des höchsten Gutes erkennen. Kann es für einen bedrohten Nomadenstamm in der Wüste ein höheres Gut geben als die Anbetung eines mächtigen und kraftvollen Ahnen, eines hervorragenden Kriegers – Jahweh –, der die Clans verteidigte? Warum sollte es für die verleumdeten Anhänger eines Zimmermanns aus Nazareth, der vom mächtigsten Herrscherreich der damaligen Zeit gekreuzigt worden war, nicht das höchste Gut sein, daß er über den Tod gesiegt hat? Warum sollte es nicht für streitsüchtige arabische Clans, die einander nur aus der Perspektive der Feindschaft und des Konflikts wahrnehmen konnten, die Klarheit und Schlichtheit des Einen Gottes sein, der über das Gedränge herrscht, das sich um die Kaaba schart – der Eine Gott, der einem Volk, einer Region, einer Einflußsphäre die Einheit bringt? Für Hindus, deren Übermaß an göttlichen Persönlichkeiten die göttliche Kraft widerspiegelt, die die gesamte Schöpfung durchdringt, ist es Krishna, der wunderschöne, verspielte, dunkelhäutige Gottesjunge, der Rinder liebt und mit ihren Herden tanzt und das Alltägliche und Weltliche in einen heiligen Akt verwandelt. Für die Buddhisten ist es Gautamas Fähigkeit zur Erleuchtung, mit der er nach der Leere sucht. Jenseits dieser Leere kann keine Persönlichkeit mehr existieren, weder eine menschliche noch eine göttliche. Sie steht für ein höheres Gut, das dazu befähigt, hinter der Seele das ultimative Nichts zu erblicken, einen spirituellen Ort der Ruhe.

Für Millionen entführte und versklavte afrikanische Bauern, für die die Rückkehr in ihre Steppen, Wälder und Dörfer des schwarzen Mutterlandes physisch unmöglich geworden war, wurde ihre Religion zur einzigen Möglichkeit heimzukehren. Unter einem neuen, kälteren Himmel erweckten sie die Götter ihrer Vorfahren und ihre verehrten Ahnen zu neuem Leben und schufen sich so ihr höchstes Gut spirituellen Überlebens, eines innegewandten Ich, das den stärksten Angriffen der Entmenschlichung widerstehen und die Seele stärken konnte, um nicht verrückt zu werden. Auch inmitten dieser ohnmächtigen Existenz pulsierte die Welt des Unsichtbaren mit Namen wie Yermonja, der Göttin der Flüsse, Obatala, dem Oberhaupt der Götter, und Chango, dem Gott des Krieges und des Donners.

Viele unserer Vorstellungen von Gott und den Religionen spiegeln die Traditionen wider, die wir von unseren Vorfahren übernommen haben. Wir haben sie mit der Muttermilch in uns aufgenommen, freimütig, unkritisch und unbelastet, menschliche Gefühlsäußerungen, die sich der Logik verschließen, angewandte Irrationalität. Andere wiederum sind Empfindungen, die durch das Fallenlassen in die dunklen Arme des Glaubens über uns gekommen sind. Gott erscheint uns mit verschiedenen Gesichtern, mit einer Fülle von Persönlichkeiten, abhängig von unseren zahllosen Empfindungen, Bedürfnissen und der persönlichen

Geschichte. Wenn noch irgendein Wunder existiert, dann das, daß es nur den Einen Gott gibt.

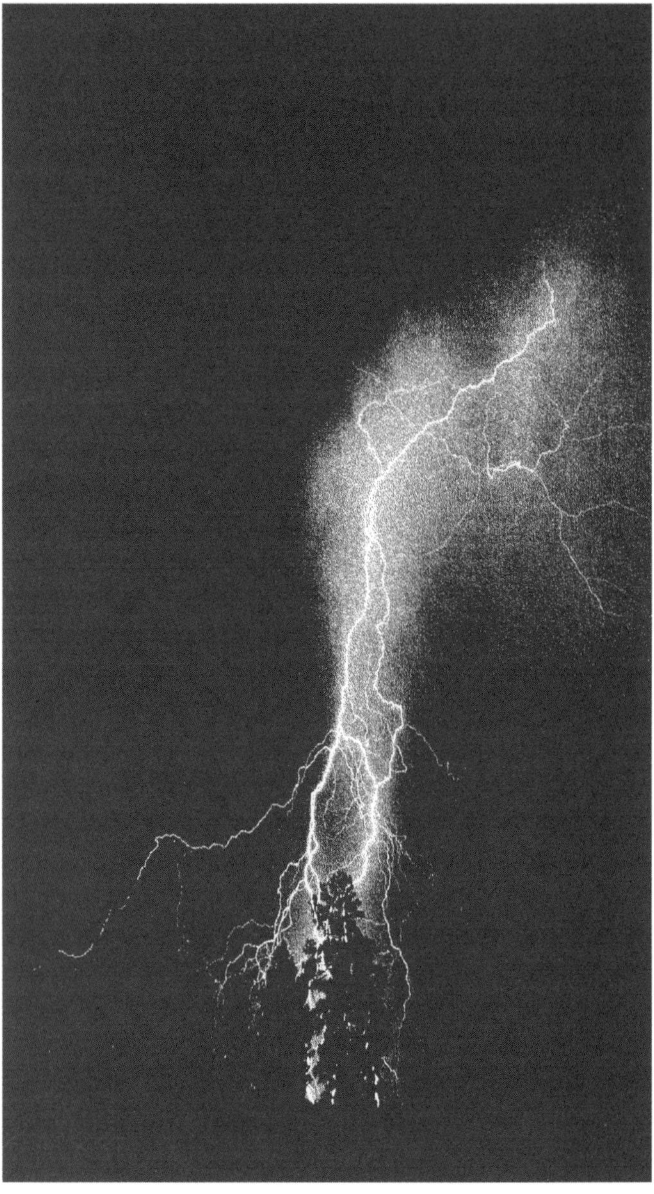

Die Nacht der Macht

Im Islam sagt man, daß während des heiligen Monats Ramadan eine Nacht die heiligste ist:
El Qadr, die Nacht der Macht.
Gemäß dem islamischen Glauben war dem Propheten Mohammed in dieser Nacht der Koran übergeben worden. Deshalb ist diese Nacht die heiligste von allen. In dieser Nacht werden alle Gebete erhört,
»zu jeglichem Geheiß«.
Die Nacht der Macht ist derart tief in den Herzen der Muslime verwurzelt, daß ihr sogar eine kurze Sure des Koran gewidmet ist[17]. Sie beginnt, wie alle Suren des Koran, mit der Anrufung: »Im Namen Allahs, des Erbarmers, des Barmherzigen!« und geht folgendermaßen weiter:

1. Siehe, wir haben ihn[18]
in der Nacht El-Qadr[19] geoffenbart.
2. Und was lehrt dich wissen,
was die Nacht El-Qadr ist?
3. Die Nacht El-Qadr ist besser
als tausend Monate.
4. Hinab steigen die Engel und der Geist in ihr
mit ihres Herrn Erlaubnis zu jeglichem Geheiß.[20]
5. Frieden ist sie bis zum Aufgang der Morgenröte.

Ich werde diese Nacht niemals vergessen, sie hat mich tief erschüttert. Sie ereignete sich nicht im Monat des Ramadan, sondern im heißen, feuchten Sommer 1995, als ich in Phase II des Todestraktes saß und schon von meinem Hinrichtungstermin wußte.
Die Sonne war bereits inmitten unheilvoller Gewitter-

wolken hinter den Hügeln von West Virginia untergegangen, und nun schlugen die Naturgewalten los, als stünde ein Angriff göttlicher Heerscharen bevor.
Voll himmlischen Zorns, gleich einem Todeskampf, bohrten sich Blitze in die Erde, und die Geschosse waren so energiegeladen, daß die Lichter im Trakt und sogar im ganzen Knast flackernd ausgingen.

In Phase II brennen die Lichter vierundzwanzig Stunden am Tag – sehr hell tagsüber und gedimmt während der Nacht –, obwohl »gedimmt« um zwei Uhr früh kaum weniger ist als das helle Tageslicht um die Mittagszeit. Aber heute Nacht herrschte wenigstens für diesen einen Augenblick völlige Dunkelheit.
Ich saß auf dem kalten Metalltisch in meiner Zelle und schaute hinaus in die Nacht. Die Zellenbeleuchtung, Hoflichter, Notlichter, die Lichter der äusseren Umzäunung und die Laternen waren erloschen. Nicht einmal die Sterne drangen durch die schwarze Himmelsdecke, so dunkel war's! Dann tauchte ein Lichtschauer die Hügel in blaues Licht, gefolgt von einem rollenden Donnergrollen und einem sich schnell fortpflanzenden Blinken, als das Licht im ganzen Gefängniskomplex ausging.
Das passierte wieder und wieder und wieder – ein gezackter Blitzpfeil nach dem andern zuckte aus dem Himmel und tauchte für einen kurzen Augenblick alles in leuchtendes Mittagslicht.
Zum ersten Mal seit meiner Ankunft in Phase II saß ich in völliger Dunkelheit, wie gelähmt durch das Schauspiel solch roher, urzeitlicher Kräfte. Die Einschläge der Blitze schienen so nah, daß ich fühlte, wie sich die Haare auf meinen Armen aufrichteten.
Der Sturm wehte westwärts, fegte über das Gefängnis und

weiter über die Hügel, und in seinem wunderbaren Kielwasser herrschte Dunkelheit. Die von Menschenhand geschaffenen Lichter beugten ihre mechanischen Köpfe vor den Kräften, die der Sturm entfesselt hatte.

Da saß ich also in der Dunkelheit, hatte noch weniger als einen Monat zu leben, aber ich fühlte mich besser als in allen bisherigen Nächten, die ich in Phase II verbracht hatte. Ich fühlte mich sogar besser als ein paar Wochen später in der Nacht, nachdem der Hinrichtungsbefehl außer Kraft gesetzt worden war. Warum?
In jener Nacht dämmerte es mir, wie mit Leuchtschrift in mein Hirn geschrieben:
»Das ist die wahre Macht, mein Sohn. Siehst du, wie einfach sie die Macht der Menschen bricht?«
Während ich zuschaute, wie die Adern der Natur im nächtlichen Meer der Lüfte pulsierten und dabei – wenn auch nur für Millisekunden – die Hügel in Tageslicht tauchten, fühlte ich mich wie neu geboren. Wie unbedeutend war doch der Mensch angesichts dieses himmlischen Tanzes!

Ich begriff, daß die Mächte der Menschen, obwohl sie versuchten, mich und alle um mich herum zu ersticken und zu vergiften, dennoch machtlos waren. Ich begriff, daß es eine Macht gibt, die die Macht der Menschen in den Schatten stellt. Es ist die Macht der Liebe. Die Macht Gottes. Die Macht des Lebens. Ich fühlte, wie sie in jeder meiner Poren aufwallte.

Die Naturkräfte obsiegten über die von Menschenhand geschaffenen, und in dieser Nacht spürte ich deutlich, daß auch ich siegen würde. Ich würde die Absicht des Staates, mich zum Schweigen zu bringen und zu töten, überwinden.

Materielles Leben

Die Vereinigten Staaten von Amerika existieren faktisch in einem Meer des Materialismus. Hier kann man die Exzesse materiellen Lebens inmitten völliger Armut sehen. Hier, an der Wiege weltweiter kapitalistischer Macht, gibt es mehr Nahrungsmittel, mehr Kleidung, mehr materielle Annehmlichkeiten des Lebens und mehr materiellen Wohlstand als sonstwo auf diesem Planeten.
Es ist eine Ironie, daß viele, die im Überfluß leben, zutiefst unglücklich sind. Diese Nation verbraucht den größten Teil aller Nahrungsmittel der Welt. Sie behandelt weite Teile des Landes und der Meere der Erde als wären sie eine Klosettschüssel. Sie gewinnt ihren materiellen Wohlstand durch den Raub der Länder und die Ausbeutung der Arbeitskraft anderer Völker.

Das Prinzip dieser Nation ist nicht – und war niemals – so etwas amorphes wie »Christlichkeit«. Es ist vielmehr der nackte Materialismus, der dieses Prinzip bestimmt. Von diesem Materialismus fühlt sich nicht nur die Elite, sondern auch der sogenannte Durchschnittsbürger angetrieben. Der Materialismus prägt eine Perspektive, die unsere gesamte Gesellschaft durchdringt.
Selbst auf dem Gebiet der Sexualität sind wir, um die Sängerin Madonna zu zitieren, »material girls and boys«. Wir definieren uns selber über Projektionen, die nichts sind als schwankende Qualitäten der menschlichen Persönlichkeit.
Wenn ein Mensch als Mann geboren wurde, aber unter Einsatz der neuesten biomedizinischen Technik eine

Geschlechtsumwandlung vornehmen läßt, ist der dann schon eine Frau? Oder ist er nicht vielmehr ein sexueller Materialist, der bloß eine neue sexuelle Persönlichkeit erworben hat? Werden wir durch unser Äußeres und unsere biologischen Funktionen bestimmt?
Genauso wie wir mit unserem Körper umgehen, so gehen wir auch mit unserer Umwelt um. Bewußt und unbewußt, direkt und indirekt, durch ausdrückliche Absicht und unabsichtlichen Zufall transformieren wir die natürliche Welt auf ein Ende hin, das wir nicht absehen können und wovon wir auch nichts wissen wollen.
Es ist so als vergewaltigten wir unsere Mutter – Mutter Erde –, weil wir neues Spielzeug haben wollen. Mit diesem Spielzeug wollen wir Profite für Menschen maximieren, die um ein vielfaches reicher sind als Krösus.
Wieviel ist »genug«?

Wenn wir unser Heil nicht in den materiellen Dingen finden können, warum verschwenden wir dann unsere Energien darauf, sie endlos anzuhäufen? Wenn uns der Reichtum abstumpft und kälter macht, wozu ist er dann gut?
Es stimmt natürlich, daß wir in einer materiellen Welt leben. Wir müssen uns von der Substanz dieser Erde ernähren. Wenn wir aber erst ihre Ressourcen vergeudet und die Erde unbewohnbar gemacht haben, werden wir dann mit unserem ganzen materiellen Reichtum noch imstande sein, die verpestete Luft wieder zu reinigen, unsere Erde wiederzubeleben und die genetische Zerstörung, die wir angerichtet haben, wieder rückgängig zu machen?
Voller Gier verzehren wir das Herz unserer eigenen Zukunft und der Zukunft unserer Kinder. Und während wir das tun, entscheidet unser Gott – die im dunkeln arbeitende Macht

der internationalen Konzerne – Stunde für Stunde über den Grad der Zerstörung, den die ökonomische Maschine an diesem Tag anrichten wird, und wieviel von den über lange Zeit gewachsenen Ressourcen im Wettkampf um kurzfristigen Profit zerstört werden.

Eine Religion des Lebens

Wir Nordländer stammen unzweifelhaft aus Barbaren-Rassen, auch in Hinsicht auf unsere Begabung zur Religion: wir sind schlecht für sie begabt.
Gesetzt, daß man mit dem spöttischen und unbeteiligten Auge eines epikureischen[21] Gottes die wunderlich schmerzliche und ebenso grobe wie feine Komödie des europäischen Christentums zu überschauen vermöchte, ich glaube, man fände kein Ende mehr, zu staunen und zu lachen: scheint es denn nicht, daß ein Wille über Europa durch achtzehn Jahrhunderte geherrscht hat, aus dem Menschen eine sublime Mißgeburt zu machen?[21a]
Friedrich Nietzsche, Jenseits von Gut und Böse

Würde man behaupten, daß in Gottes Namen mehr menschliches Unheil angerichtet worden ist, als im Namen Satans, dann würde man sicher der Übertreibung bezichtigt, gleichzeitig könnte einem aber auch verziehen werden. Denn außer Nietzsche haben auch Dutzende andere Philosophen darauf hingewiesen, daß Religion – ungeachtet ihres Ursprungs und ihrer Verheißungen – in der Realität oftmals weniger eine Kraft der Befreiung, sondern ein Werkzeug der Unterdrückung gewesen ist. Ein Auslöser für innere Unruhen, Krieg und Völkermord.
Egal wo einer steht im Meinungsstreit über die Religion, scheint doch die Notwendigkeit klar zu sein, daß wir nach einem Jahrhundert der blutigen Gemetzel und vor unserem Schritt in ein neues Jahrtausend einen neuen, lebensbejahenden Geist zum Ausdruck bringen müssen. Unsere angeblich so aufgeklärte Epoche – das Jahrhundert

der Moderne – begann mit dem Burenkrieg und folgte weiter diesem blutigen Pfad: Nach dem Massaker an den Armeniern kamen die Weltkriege, der Holocaust an Millionen Juden und Europäern und die atomare Verwüstung von Nagasaki und Hiroshima. Es folgten Korea, Vietnam und der flächendeckende Bürgerkrieg in Afrika und Lateinamerika, jetzt auch in Europa, ganz zu schweigen von der brutalen Unterdrückung, die selbsternannte »friedenserhaltende« Supermächte gegen ein kleines Land nach dem anderen gerichtet haben.

Wenn die Religion keinen Einfluß auf dieses Blutvergießen gehabt hat (hat sie je etwas anderes getan, als es zu unterstützen und anzustiften?), dann stellt sich doch die Frage, warum brauchen wir sie dann? Was hat uns so abgestumpft, daß wir so tun können, als gehe es in unserem Glauben um Auferstehung und Leben, wenn er in Wahrheit einer der schlimmsten Konfliktherde in unserer Todeskultur ist?

Wir leben in einer Welt des millionenfachen Todes, leben auf Land, das mit dem Blut seiner Ureinwohner getränkt ist und überschwemmt von den Tränen sich widersetzender Gefangener. Rund um den Globus missionieren und verstümmeln wir gleichzeitig dieselben Mitmenschen, denen wir unsere westliche Kultur aufzwingen, die wir ausrauben, foltern und verhungern lassen. Aber nicht genug damit, daß wir uns gegenseitig töten, wir mißbrauchen auch noch unsere gemeinsame Mutter, die Erde.

Wir töten Tiere, als wären wir in der Lage, uns von Leichen zu ernähren. Aus unseren Flüssen, Seen und Meeren machen wir Jauchegruben unserer bleiernen Leblosigkeit. Wir plündern unsere Wälder und brennen sie nieder, und danach

versuchen wir herauszubekommen, warum sich die vergewaltigte Erde unter ihnen in eine trockene Wüste verwandelt. Wir schänden unsere Gebirge und füllen unsere Taschen mit den Produkten ihrer schimmernden Erze. Wir verpesten unsere Luft.
Jenseits der Gezeitenströme des Materialismus, die unsere Insel des Überlebens überspülen, steigt die Flut des Todes ständig höher. Wir haben versucht, die ureigensten Rhythmen des Lebensprozesses zu mechanisieren, zu kontrollieren und einzudämmen und haben die Bäuche unserer Frauen in Gräber verwandelt. Tiefgekühlte Reagenzgläser sind die Brutkästen unseres pervertierten Fortschritts.

Wo ist der Glaube, der wahrhaft auf das Leben vertraut? Wo ist der Glaube, der seine Botschaft in eine Welt trägt, die dabei ist, den Abhang des Todes hinabzuschlittern? Wo ist die Religion des Lebens? Eine Religion, die alles Leben für heilig erklärt? Eine Religion, für die die menschliche Erfahrung nur ein Beispiel im gesamten Netzwerk der Natur ist?
Ist unser »Gott« allein der Gott der Menschen? Kann ein Schöpfer-Gott wirklich Kreaturen schaffen, deren einzige Funktion es sein soll, den eigenen Interessen nachzugehen? Oder ist eine solche Überzeugung in Wirklichkeit nur ein Täuschungsmanöver unserer engstirnigen Schizophrenie und der unheiligen Gier, die unsere Umwelt an den Rand der Zerstörung gebracht hat, auf dem sie nun hin und her schwankt? Um es anders auszudrücken: Leben Alligatoren nur, um gehäutet und zu teuren Schuhen und Taschen verarbeitet zu werden? Haben sie nicht ein ureigenes Recht zu leben – genauso wie jede andere Lebensform?

Das alte, bewußtseinsspaltende Herangehen der Menschheit geht davon aus, die menschliche Existenz entwickele sich in einem Vakuum. Diese Haltung wird die Menschheit und unzählige Spezies zur Vergessenheit verdammen. Es ist an der Zeit, das gemeinsam mit einer ständig größer werdenden Zahl von Menschen, die bereits erwacht sind, zu erkennen.
Wir brauchen dringend eine Religion des Lebens, die die Welt nicht nur unter dem Gesichtspunkt des Nützlichkeitsprinzips sieht. Eine Religion, die alles Leben als wertvoll in sich selber verehrt. Die die Erde als eine Erweiterung des Ichs begreift und in jeder Verletzung der Erde auch die eigene Verletzung spürt.

Wir brauchen eine Religion, die die Abhängigkeit des Menschen von dieser Welt erkennt. Die sieht, daß die Atmosphäre, die unseren Globus umgibt, aus derselben Luft besteht, die wir atmen, und dadurch ein wesentlicher Bestandteil unserer Lungen ist, und daß das Wasser dieser Erde sich in nichts von dem Speichel in unserem Mund unterscheidet.
Wir brauchen eine Religion, die den Idealismus, der lange vor dem Institutionalismus existierte, wieder neu entdeckt. Die auch die ursprüngliche Ehrfurcht neu entdeckt, die der erste Mensch beim Anblick der Schöpfung außerhalb seines eigenen unbedeutenden Ichs empfand.
John Africa fand einen solchen Glauben und lehrte andere seinen einfachen, klaren Weg. Gemäß seiner natürlichen Einfachheit nannte er diesen Glauben »das Leben«. »Verehrt das Leben«, lehrte er. »Schützt das Leben, bewegt euch in Harmonie mit dem Leben.« Er begründete die MOVE-Organisation auf der Basis dieses lebensbejahenden

Prinzips und erfüllte seine Anhänger mit dem unbezähmbaren Willen, diese Lehren zu praktizieren und sie in aller Welt bekannt zu machen.
Er erläuterte ihnen den Stellenwert und die Macht der Einheit, die Bedeutung und Notwendigkeit der Naturgesetze und die Bedeutung des Widerstands und der Rebellion gegen ein System, das für die globale Selbstzerstörung verantwortlich ist.
Er lehrte uns, daß die Erde nicht nur eine bloße Zwischenstation auf dem Weg in die nächste Welt ist und deshalb verpestet, verdorben oder ignoriert werden kann.

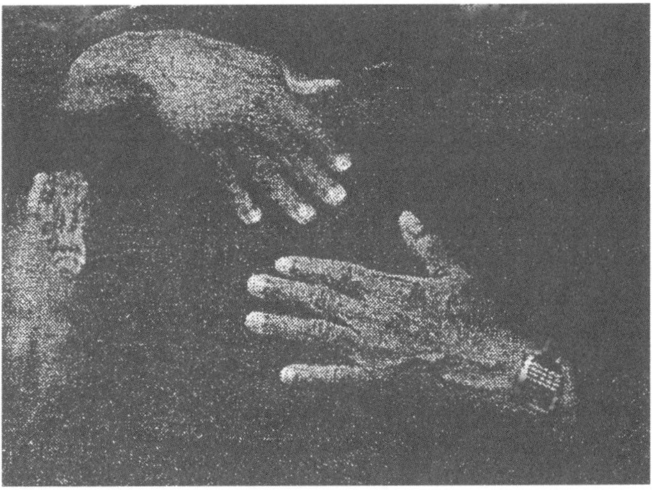

Ist es nicht seltsam?

Ist es nicht seltsam, daß das Christentum – diese ungeheuer große Gemeinschaft der Menschheit, die den Anspruch erhebt, in ihrer geistlichen Haltung auf den jüdischen Zimmermann aus Nazareth zurückzugehen – jemanden anbetet und verehrt, der ein Gefangener des Römischen Reiches und ein Insasse seiner Todestrakte war?
Ist es nicht seltsam, daß derjenige, den diese Gemeinschaft als die Personifizierung des Schöpfers unseres Universums ansieht, gefoltert, gedemütigt, geschlagen und schließlich an der Peripherie des Reiches, in Golgatha, auf einem öden Stück Land, genannt »der Schädel«, gekreuzigt worden ist?
Ist es nicht seltsam, daß die Mehrheit seiner Anhänger heute voller Eifer die staatlichen Hinrichtungen tausender inhaftierter Landsleute unterstützt?
Und ist es nicht seltsam, daß die überwältigende Mehrheit der Richter, Staatsanwälte und Rechtsanwälte – also jener, die die heutigen Gefangenen anklagen, verurteilen, verraten und verkaufen – von sich behaupten, daß sie Anhänger des in Stricke gelegten und angespuckten nackten Gottes sind?

Krieg um die Köpfe

In einer Zeit, in der das ganze Land von Furcht erfaßt ist – nicht etwa durch Bedrohung von außen, sondern durch Bedrohung von innen – kommt es in den Gefängnissen zu ausgesprochen heftigen Angriffen auf Geist und Seele. Das überrascht nicht. Wie ein altes Sprichwort sagt: »Nichts schärft den Verstand so stark wie der Tod«. Während diese Binsenweisheit offensichtlich ein breites Echo unter den Tausenden in den Todestrakten findet, trifft sie auf weitere Tausende zu, die lebenslängliche Strafen erhalten haben. Hier in den Zuchthäusern von Pennsylvania, die eher Leichenhäusern ähneln, bedeutet »lebenslänglich« tatsächlich, daß jemand für die Dauer seiner biologischen Lebensspanne eingesperrt wird, ohne je die Chance zur Freilassung auf Bewährung zu bekommen. »Lebenslänglich« ist deshalb nichts anderes als eine grausame Metapher für »zum Tode verurteilt«, weil nur der Tod die Befreiung von dieser Fessel bringt. Man kann wohl sagen, daß »lebenslänglich« nichts anderes ist als langsames Sterben.

Angesichts der gespenstischen Unausweichlichkeit dieses langsamen Sterbens ist es nicht ungewöhnlich, daß das Gefängnis für einige Gefangene zu einem Ort geistiger Erneuerung wird. Oft sind es gerade Menschen, die der Religion draußen entflohen waren, die in der weltlichen Hölle hinter den Gefängnismauern nach Trost suchen. Manchmal wird ihre Suche nach geistigem Sinn als Beweis für Fortschritte in ihrer persönlichen Entwicklung gelobt. Manchmal wird sie aber auch als bloßes Knastgerede abgetan. Auf einige Gefangene mag das zutreffen, auf andere sicher nicht. Wer kann schon mit bloßen Augen feststellen, welche geistigen Quellen sein Gegenüber hat? Nicht selten kommt es vor, daß Gefangene unaufgefordert ein religiöses Traktat von einer ihnen völlig unbekannten Gruppe erhalten. Meistens sind diese Pamphlete sehr kurz gehalten, etwa vier bis acht Seiten lang, handtellergroß und übersät mit biblischen Versen. »Jesus rettet Dich«, könnte ein Spruch lauten, »Weißt Du, wo Du die Ewigkeit verbringen wirst?« ein anderer.

Die für Empfänger in den Gefängnissen gedachten Traktate sind gut gemeint, erreichen aber oft das Gegenteil des gewünschten Effekts. Auch wenn sie eloquent oder geistreich vorgeben, guten Willen und brüderliche Ermutigung zu verbreiten, ist bei allen die Quintessenz die gleiche. Obwohl sie beteuern, sich zutiefst darum zu sorgen, wo die Objekte ihres missionarischen Eifers nach ihrem Tod landen, verschwenden nur ein paar wenige einen Gedanken daran, wo diese Menschen den Rest ihres irdischen Lebens verbringen. Sie konzentrieren sich mit ihrer Frömmigkeit nur auf das Jenseits und vergessen dabei das Diesseits. Ihre Autoren, so scheint es, sind derart berauscht von ihren Gedanken an den Himmel, daß sie bereit sind, ihre Augen vor der brodelnden Hölle zu verschließen, die sie auf Erden mitgeschaffen haben.

Sie stützen durch ihr Schweigen genau das System, das die Empfänger ihrer Schriften lebenslanger Haft und planmäßigem Tod ausliefert.

Oft kann sich der Leser eines solchen Traktates unmöglich des Eindrucks erwehren, daß die Absender ausschließlich auf sein Jenseits fixiert sind, und daß sie sich einen Dreck um seinen lebenden Körper und seine lebende Seele scheren.

Ist das alles nicht seltsam? wundert sich der Gefangene angesichts ihres geistigen Anspruchs, den Lehren eines gekreuzigten Gottes zu folgen. Ist es nicht bemerkenswert, daß so etwas von Leuten kommt, die an einen Menschen-Gott glauben, der sein Leben gab, um die Seelen der Sünder zu erlösen? Warum haben es viele Christen, so fragt sich der Gefangene schließlich, derart eilig, gerade diejenigen, die sie eigentlich retten wollen, ins Grab zu bringen?

Gefangenschaft

Die Tatsache, daß dein Körper im Gefängnis steckt, bedeutet noch lange nicht, daß auch dein Geist und deine Gedanken ihre Freiheit verloren haben. Und auch wenn das abgedroschen klingt, so steckt in diesem Gedanken doch ein Fünkchen Wahrheit, denn unsere Gedanken, das sind wir ja. Unser Geist macht unser eigentliches Wesen aus. Wenn wir einmal unseren eigenen Körper betrachten oder den anderer Menschen, so müssen wir feststellen, daß er doch in gewisser Weise ein Gefängnis ist. Und errichtet nicht auch die Zeit Gefängnismauern um uns? Mit steigendem Alter verlieren wir viele unserer Fähigkeiten, aber das heißt noch lange nicht, daß wir diese Entwicklung nicht überwinden können. Mit der Kraft unseres Verstandes und unseres Geistes stehen wir über unserer körperlichen Vergänglichkeit.

Christlich? Wie Christus?

In Anbetracht der Tatsache, daß Zweifel daran aufgekommen sind, ob Kinder, die Sklaven sind und durch die Barmherzigkeit und Nächstenliebe ihrer Besitzer teilhaben konnten am heiligen Sakrament der Taufe, kraft ihrer Taufe ihre Freiheit erhalten sollten, wird hiermit gesetzlich verfügt, daß die Taufe in bezug auf Sklaverei oder Freiheit nichts an den Bedingungen einer Person ändert. Sklavenherren, die hiermit von diesen Zweifeln befreit sind, sind gehalten, etwas vorsichtiger dabei vorzugehen, das Christentum durch die Zulassung von Sklaven zu diesem Sakrament zu verbreiten.
Allgemeine Verfassung von Virginia, Gesetz Nr. III (1667)

Seit Jahrhunderten ist der Begriff »christlich« in Amerika synonym mit »weiß« gewesen. Er wurde weniger dazu benutzt, Gläubige von Ungläubigen unterscheiden zu können, sondern vielmehr dazu, zivilisierte, hellhäutige Kolonialisten von unzivilisierten, dunkelhäutigen Eingeborenen – den sogenannten primitven Afrikanern, wilden Indianern und ähnlichen Heiden – unterscheiden zu können. Das war eine praktische geistige Untermauerung der soziopolitischen Wirtschaftsordnung, das heißt, der »Ordnung« weißer Vorherrschaft und Dominanz. In einem solchen Kontext bedeutete das Konvertieren einer nichtweißen Person zum dominierenden europäischen Glauben so gut wie gar nichts. Was machte es denn schon aus, welcher Glaube im Herzen eines Menschen wohnte, wenn seine Haut dennoch schwarz oder rot blieb?
Virginias Gesetz von 1667 war nichts Außergewönliches. Ein

ähnliches Gesetz wurde kurze Zeit später in South Carolina erlassen. Und 1690 trat in einer anderen Kolonie ein Gesetz in Kraft, in dem es offen hieß, daß »kein Sklave seine Freiheit erlangen sollte, nur weil er den christlichen Glauben angenommen hat«. So kam es, daß weitere Generationen von Sklaven getauft wurden und weitere Generationen von Predigern dafür sorgten, sie in der Knechtschaft eines Systems zu halten, das selbst das Lesen der Heiligen Schrift zu einem Schwerverbrechen erklärte. Sie fuhren fort, ihnen die Unterwerfung zu predigen: »Sklaven, gehorcht euren Herren!«

Was bedeutete das »Christentum« für diese hunderttausenden Männer, Frauen und Kinder, die von der afrikanischen Westküste in Ketten an amerikanische Küsten verschleppt wurden? Was bedeutete es für die, die die fürchterliche Mittelpassage nur knapp überlebt hatten, die gezwungen wurden, eine neue, fremde Sprache zu erlernen, und denen es unter Androhung der Auspeitschung verboten war, ihre eigene zu sprechen? Und es ist sicher nicht weniger wichtig, zu fragen, was es ihren Urgroßenkeln heute bedeutet, denen es jetzt legal freisteht, die Religion ihrer Wahl auszuüben.
Sollten afroamerikanische Männer und Frauen den Gott jener Menschen preisen, die ihre Vorfahren in stinkenden, Fieber erzeugenden Schiffsladeräumen nach hier verschleppten? Einen Gott, dessen Volk die allerletzten Spuren der Urbevölkerung ausgelöscht hat? Einen Gott der Eroberer und Sklavenhalter? Sollte das wirklich jemand tun?
Das Christentum, dessen Anfänge in der Ära der Vorherrschaft des Römischen Reiches und der Versklavung Palästinas liegen, verwandelte sich in Amerika in die Religion der

Sklavenhalter, in das vorgebliche Glaubensbekenntnis der Reichen und in die beschützende Lehre der Besitzenden. Für die Sklaven hingegen war es eher eine Farce denn ein Glaube. In ihren Augen wurde in Wirklichkeit nur der Reichtum angebetet.

Tatsächlich wurde das »Christentum« zum kulturellen Kürzel für den Status quo, das herrschende System der nackten, rassistischen Unterdrückung. Die Ammenmärchen, die euroamerikanische Eroberung der Neuen Welt habe zum Ziel gehabt, die indigenen Völker zu »bekehren«, und die Versklavung afrikanischer Menschen sei eine notwendige Folge des Wunsches gewesen, den »Eingeborenen« das »Evangelium« zu bringen, ist längst von der Geschichte widerlegt. Man muß sich nur die letzten fünf Jahrhunderte aus der Perspektive der indigenen Völker anschauen – Jahrhunderte, die verheerende Krankheiten, blutige Verfolgung, um sich greifenden Alkoholismus und schließlich die Internierung in konzentrationslagerartigen Reservaten brachten –, um zu begreifen, daß der Gott der bleichgesichtigen Eroberer weniger ein Großer Geist der Güte war, sondern eher ein Dämon der Zerstörung.

Wir haben weiter oben schon gesehen, daß nicht einmal das Übertreten zum christlichen Glauben für die Konvertierten einen wirklichen Einfluß auf ihren Sklavenstatus hatte. Generationen, auch die, die jetzt noch nicht einmal geboren sind, sind mit einer Wahrheit konfrontiert, die ebenso auf jemanden mit afrikanischen Vorfahren zutreffen kann wie auf einen amerikanischen Ureinwohner: »Als die Europäer kamen, hatten sie ihre Bibel und wir hatten unser Land. Jetzt haben sie unser Land, und wir haben ihre Bibel.«

Haben die Sklaven und Indianer wirklich erwartet, daß ihre

Herren ihren neuen Besitz und ihre Macht auf dem Altar der Barmherzigkeit opfern?

Die Geschichte der Cherokee, die voller Hohn die »weißen Indianer« genannt werden, gibt darauf eine beunruhigende Antwort.[22]

In der Religion, in der Erziehung, im kulturellen und politischen Leben, ja sogar in der Architektur haben die Eastern Cherokee in einem weitaus höheren Maß als alle anderen Stämme in Nordamerika europäische Lebensformen übernommen. Schon zu Beginn des 19. Jahrhunderts bauten sie Häuser aus Ziegelsteinen und Holz. Sie gründeten eine Hauptstadt, New Echota, bildeten einen Obersten Gerichtshof der Cherokee und veröffentlichten eine Zeitung. Sie benutzten dazu ein Alphabet, das von ihrem berühmten Linguisten Sequoyah, alias George Gist, entwickelt worden war.

Eine beträchtliche Anzahl der Cherokee trat zum Glauben der Baptisten und der Herrnhuter Brüdergemeinde[23] über. Die Cherokee waren ein relativ wohlhabendes Volk, das sich erfolgreich aufs Handwerk und die Landwirtschaft verstand und Hunderttausende Rinder, Pferde und Maultiere besaß. Sie glichen sich den Weißen derart an, daß sie sogar einige tausend schwarze Sklaven besaßen. Es handelte sich bei den Cherokee also um einen Stamm, der alle Kriterien für einen »zivilisierten« Stamm erfüllte: sie waren Christen, des Lesens kundig, verfügten über Besitz und waren gesetzestreu.

Der »Fortschritt« hatte aber auch für die Cherokee seinen Preis. Neben der Tatsache, daß er die Zerstörung und Verdrängung ihrer eigenen indigenen Kultur durch die Nachahmung einer europäischen bedeutete, schürte er die Ressentiments einer weißen Wirtschaftselite, die eine Vormachtstellung anstrebte und den Expansionismus auf ihre Fahnen geschrieben hatte. Zusätzlich agitierten ärmere Kolonialisten gegen ihre »roten« Konkurrenten, so daß die Regierung intervenieren mußte. Es dauerte nicht lange und die Cherokee wurden zu Opfern derselben weißen Habgier, die auch alle anderen Stämme der amerikanischen Ureinwohner vernichtet hatte.

1832 führten vor Gericht erstrittene Siege dazu, daß die Cherokee mit neuen Hoffnungen erfüllt wurden. Sie führten Klage vor dem Obersten Gerichtshof der USA und gewannen ein Verfahren gegen den Bundesstaat Georgia, dessen »Indianerstatut« als Verstoß gegen die Verfassung gewertet und dem die Rechtskraft entzogen wurde. Im Prozeß *Worcester & Butler gegen Georgia* (1832) stellte das Gericht fest: »Die Cherokee Nation ist eine fest umrissene Gemeinschaft mit eigenem Territorium und exakt beschriebenen Grenzen, in denen die Gesetze von Georgia keine Gültigkeit haben und das die Bürger von Georgia nicht ohne Billigung der Cherokee oder in Übereinstimmung mit den Verträgen und Gesetzen des Kongresses betreten dürfen.«

Doch Präsident Andrew »Indianer Killer« Jackson weigerte sich, dieses Urteil anzuerkennen, und wurde von dem Journalisten Horace Greeley folgendermaßen zitiert: »[Der Vorsitzende Richter] John Marshall hat seine Entscheidung gefällt. Soll er zusehen, ob er sie auch durchsetzen kann.« Offensichtlich war er dazu nicht in der Lage. Noch im selben Jahr wurden weite Flächen des Erblandes der Cherokee vermessen, aufgeteilt und mittels einer Lotterie an weiße Siedler vergeben. Am Ende des Jahrzehnts war Georgias Cherokee-Bevölkerung stark dezimiert. Sie wurden unter Kriegsrecht gewaltsam von ihrem Land vertrieben, ganze Siedlungen wurden mit militärischen Eskorten in das weit entfernte Oklahoma verbracht. Es war ein winterlicher Zug der Tränen, der sie (und ihre schwarzen Sklaven, die man nie als wichtig genug ansah, ihre genaue Zahl zu ermitteln) mit all seinen Entbehrungen Tausende Menschenleben kostete.

Obwohl »zivilisiert« und »christianisiert«, verloren die Cherokee dennoch alles, was ihnen lieb und wichtig war – das Land ihrer Vorfahren, ihre Häuser und ihr Vieh, ihre Kinder, ihre Frauen oder Männer, ihre Alten und Siechen – nur weil andere »Christen« es auf ihr Land abgesehen hatten. Allerdings hatte dieses unheilige Programm der »Wiederansiedlung« in den Augen der Weißen für sie selber keine Verluste zur Folge: Für sie war es schlicht ein weiterer Schritt beim Legen der Fundamente, auf denen die Existenz der meisten südlichen und westlichen US-Bundesstaaten beruht.

Heute existieren die Cherokee nur noch als eine bloße Erinnerung an die Vergangenheit, ihr Reservat ist eine Attraktion für durchreisende Touristen. Was die Nachfahren der christlichen Sklaven aus Virginia betrifft, so sind sie heute frei, aber in ihrer großen Mehrheit sind sie nach wie vor pflichtgetreue Christen. Es stimmt, ihre Kirchen unterscheiden sich in vielerlei Hinsicht von den weißen Kirchen. Aber von diesen kulturellen Accessoires einmal abgesehen, ist man versucht, sich zu fragen, ob die schwarze Kirche nicht dieselbe Mission ausführt wie ihr weißes Gegenstück – und ob nicht auch die Vision, von der sie geleitet wird, dieselbe ist.

Es hat sicher in jeder Generation Männer und Frauen gegeben, die ihre Stimmen erhoben haben, um ihre Glaubensbrüder und -schwestern aus dem verdummenden Schlaf zu

reißen. In den Fünfzigern und Sechzigern hat einer der angeseheneren von ihnen, Dr. Martin Luther King Jr., diese Kirche mit einer neuen Vitalität erfüllt, die bis dahin im großen und ganzen ausschließlich Trost im märtyrerhaften Schweigen gesucht hat.
Kings Kirche ist aber nicht nur durch den Terror der weißen Rassisten geschwächt worden. Geschwächt hat sie auch der eigene Entschluß zum Schweigen. Auch angesichts nackter Ungerechtigkeit gab es Geistliche – meist Weiße, ein paar waren auch schwarz –, die versuchten, abzuwiegeln: »Beruhigt euch!« – »Psst, macht nicht so einen Aufruhr!« – »Der richtige Zeitpunkt ist noch nicht gekommen!« In einer Zeit noch nie dagewesener Kämpfe gegen die amerikanische Apartheid entschieden sie sich, standfest den Status quo zu verteidigen, die Sanftmütigen ebenso wie die Unzufriedenen mit dem jahrhundertealten unheiligen Weihwasser zu besprenkeln.

Kings Vermächtnis lebt weiter, aber es ist umgedreht worden. Sein Name und seine Worte wurden zu Werkzeugen in den Händen der cleversten unter seinen Feinden, die damit jetzt genau die Menschen angreifen, sie herabsetzen und ablehnen, denen King dienen wollte. Seine Träume – wortgewandt zu Papier gebracht in Reden oder Essays wie »Brief aus einem Birminghamer Gefängnis« – sind in den Mündern der Machthaber in albtraumhafte Rechtfertigungen für einen neuen Schwarzenhaß verwandelt worden. Daraus entstanden Angriffe auf die wenigen begrenzten Fortschritte, wie zum Beispiel »affirmative action«[24], das, wenn es auch sonst vielleicht nichts anderes erreicht hat, immerhin bewirkte, daß sich für Schwarze Türen geöffnet haben, die vorher per Gesetzesdekret für sie versiegelt waren.

Jean-Bertrand Aristide hat unlängst festgestellt, daß Haitis Geschichte von einem politischen und einem religiösen Imperialismus geprägt ist, und daß die Religion das Entstehen einer Theologie eingeleitet hat, die nur dazu dient, den Geist der Menschen zu verwirren, um sie unterjochen zu können.
Der Jesuit Ignacio Martin-Baró hat anhand des lateinamerikanischen Kontextes – im besonderen der bitteren Situation der Länder, die durch immer wiederkehrende bürgerkriegsähnliche Konflikte entstellt sind – beispielhaft und anschaulich geschildert, wie die Religion fortdauernd als eine Waffe der psychologischen Kriegsführung gegen die Armen und Unterdrückten eingesetzt wird.[25] Als er die konkurrierenden Absichten der evangelischen Kirche und der christlichen Basisgemeinden in Brasilien beschrieb, wies er darauf hin, daß letztere »nach und nach eine kritische Position eingenommen« haben, die die herrschende Gesellschaftsordnung in Frage stellte, während erstere eine »pfingstliche Haltung der Unterwerfung und Marginalisierung ihrer Konvertiten« beibehalten und »sie von jeder Form des Protestes ferngehalten hat«. Er schreibt weiter: »[In] den Zonen der Bananenplantagen von Guapiles, Costa Rica, wo kämpferische Gewerkschaften traditionell großen Einfluß ausübten, treten die 'Christen' (wie sie sich selber nennen) nicht nur den politischen Organisationen oder Gewerkschaften nicht bei, sondern sie gehen sogar so weit, sich gegen die Kämpfe der Werktätigen zu stellen und ab und zu sogar als Spitzel oder Streikbrecher zu arbeiten. Diese 'Christen' genießen als Arbeiter das Vertrauen der Bananenbosse und deshalb unterstützen die Bosse die örtlichen evangelischen Kirchen nach Kräften und setzen ihre Arbeiter unter Druck, in die Kirche einzutreten.«[26]

Natürlich ist es egal, wie lange es her ist, daß die Weißen den Stein der religiösen Heuchelei in den See des schwarzen und indianischen Bewußtseins geworfen haben, denn wir bekommen heute immer noch die dadurch ausgelöste Wellenbewegung zu spüren, die sich ständig weiter ausdehnt.

In ihrem Ursprung ist die Botschaft der Bibel eine der Befreiung. Im Alten Testament wird das exemplarisch am Exodus der jüdischen Sklaven aus der ägyptischen Knechtschaft dargestellt. Im Neuen Testament wird es an der Ankündigung deutlich, ein Messias werde kommen, der (so ist es verheißen) sein Volk vom Joch der Unterdrückung befreien wird.

Und heute akzeptieren diejenigen, die sich selber »Christen« nennen, das Blutbad, das in seinem Namen angerichtet wird. Es ist kaum zu begreifen, daß sie nicht anders können, als die Zerstörung und die Verbreitung des Bösen fortzusetzen. In seinem Namen führen sie weiterhin Kriege aus Habsucht und Gier, rauben völlig »legal« fremdes Land und reißen wie selbstverständlich alles an sich, was sie gebrauchen können. Sie schleudern ihren heiligen Haß gegen den Rest der Welt. Im Schatten des Kreuzes plündern und vergewaltigen sie. Und im Namen dessen, der, so geben sie an, gekommen war, »um allen Gefangenen ihre Freiheit wiederzugeben«, fahren sie fort, Menschen zu versklaven.

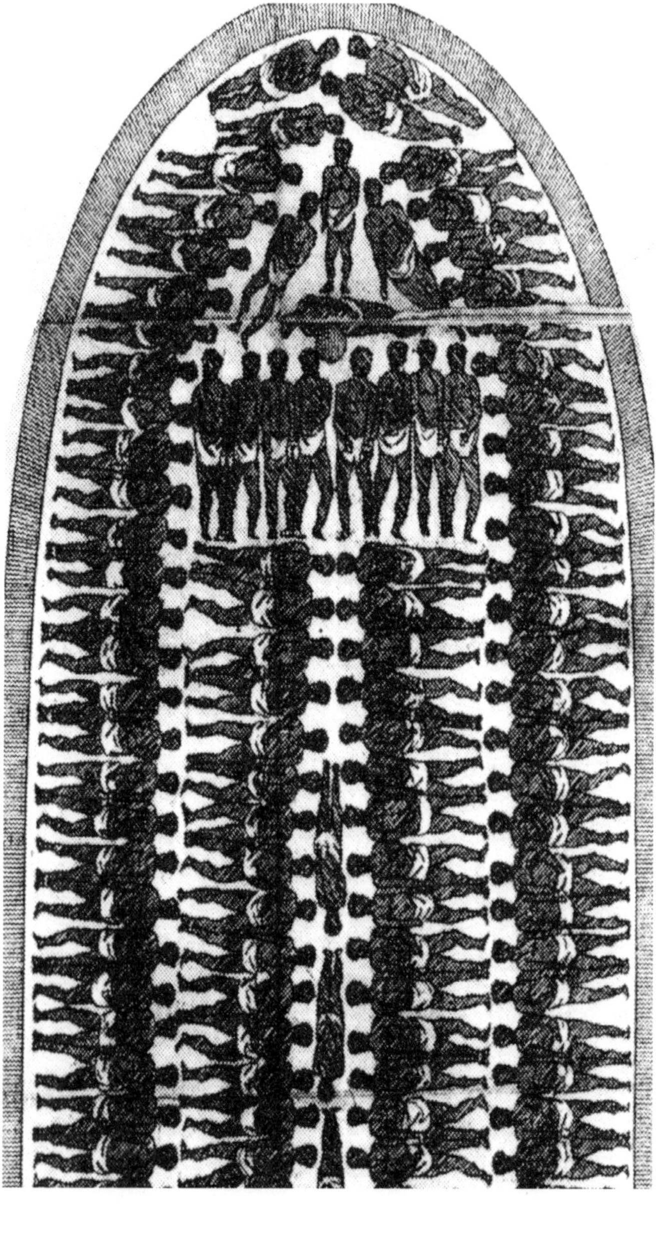

Der Glaube der Sklaven

Die Tradition aller toten Geschlechter lastet wie ein Alp auf dem Gehirn der Lebenden.
Karl Marx, Der 18. Brumaire des Louis Bonaparte[27]

Wie es den Christen schon in der Antike ergangen war, so wurde auch die schwarze Kirche in den USA im Schoß der Repression geboren, als sich ihre Anhängerschaft unter dem Joch der Sklaverei plagte. In einem Klima allgemeiner Repression war vielen Schwarzen (sogar sogenannten »freien« Sklaven) der Zugang zu einer großen Zahl von Jobs und Handwerksberufen versperrt.
Ein Berufszweig, zu dem man ihnen nur ungern den Zugang erlaubte, war der des Predigers. Diese Erlaubnis erwies sich aber als nützlich, weil ein unterwürfiger Priester einen ungeheuren Einfluß auf die anderen Sklaven ausüben und auf diese Weise seinen weißen »Massa« vor größeren Schwierigkeiten bewahren konnte. Besonders dann, wenn er daran glaubte, daß es effizienter ist, endlos zu leiden statt zu rebellieren. Überbleibsel dieses Verhaltens machen sich in der gegenwärtigen Kontroverse bemerkbar, die während der Wahlkampfkampagne von Christine Todd Whitman entstand, die zum ersten Mal für den Gouverneursposten in New Jersey kandidierte. Es hieß, Wahlkampfstrategen der Grand Old Party[28] hätten angeblich beträchtliche Summen an schwarze Prediger gespendet. Als Gegenleistung sollten sie versprechen, ihre Gemeinden dazu zu bewegen, nicht wählen zu gehen. (Die betreffenden Priester leugneten das natürlich lauthals.)
Positiv betrachtet war die schwarze Geistlichkeit stets eine

machtvolle Truppe, die den Bürgerrechtskampf mit Leben erfüllte und dadurch auch zur Stärkung anderer Menschenrechtsbewegungen im späten zwanzigsten Jahrhundert beitrug. Es ist erwähnenswert, daß die einflußreichsten Afroamerikaner unserer Zeit Geistliche waren, ungeachtet der Tatsache, daß sie verschiedenen religiösen Strömungen angehörten. Dr. Martin Luther King Jr. und Malcolm X (El Hajj Malik El-Shabazz) sind nur zwei von vielen, die einem sofort einfallen.
Kings Einfluß spiegelt sich auf vielfältige Weise in der jüngeren Vergangenheit wider, vor allem aber im besseren Zugang, den Schwarze jetzt zu Berufen und Positionen haben, die ihnen vor dem Erlaß verschiedener Bürgerrechtsgesetze verbaut waren. Der Einfluß von Malcolm X ist in denselben Grundbereichen zu verzeichnen, zeigt sich aber außerdem im Entstehen eines neuen und veränderten Bewußtseins in den Siebzigern, besonders in der Black Panther Party und ähnlichen Organisationen des Schwarzen Nationalismus in Amerika und in der übrigen schwarzen Welt.

King wurde von vielen seiner Zeitgenossen als Radikaler angesehen, war aber im Grunde ein Traditionalist, dessen Anschauungen größtenteils übereinstimmten mit dem Konservatismus der schwarzen Kirche, in der er aufgewach--sen war. Malcolm X war in weiten Kreisen vor allem wegen seiner flammenden revolutionären Reden bekannt. Zumindest in seinen letzten Lebensjahren ergänzte er den Radikalismus seiner frühen Botschaft mit einer eher konservativen und vom arabischen Islam gefärbten Spiritualität. Beide Männer wurden in der Blüte ihres Lebens ermordet, als sie kurz davor standen, auf der nationalen und internationalen Ebene einen beispiellosen Einfluß auszuüben. Während King ein in der Wolle gefärbter Baptist war, betonte Malcolm X stolz, kein Christ zu sein. Für ihn war das Christentum die Religion des weißen Mannes, mit der die Sklavenherren ihre schwarzen Sklaven besser unter Kontrolle halten wollten. Er brandmarkte das afrophobische religiöse Denken, das in Blydens »Islam, Christianity and the Negro« (1888) beschrieben wurde. Dort sind die folgenden Beobachtungen festgehalten:

»Wir mußten vor nicht allzu langer Zeit in einer Gebetsversammlung zuhören, wie ein ungebildeter Neger Gott anflehte, seine 'lilienweißen Hände' zu erheben und die anwesende Gemeinde zu segnen. Ein anderer, der auch nicht über mehr Zivilisiertheit verfügte, predigte aus Johannes 3, 2: 'Wir werden sein wie Er' und rief dabei aus: 'Brüder, stellt euch einen schönen weißen Mann mit blauen Augen, rosigen Wangen und flachsblondem Haar vor – und wir werden sein wie Er!' Die Vorstellungen dieser Betenden waren dem entsprungen, was sie den bildnerischen oder gemalten Darstellungen und den Charakteristika der sie umgebenden dominanten Rasse entnommen hatten.«

Diese Art der psychologischen Versklavung mag uns heute unglaublich skandalös vorkommen, doch für unsere schwarzen Urgroßeltern war es einfach der Ausdruck eines verbleibenden Selbsthasses, den selbst die Emanzipationsbewegung nicht aus dem Unterbewußtsein vertreiben konnte.

Ein Beispiel ist die noch gültige Darstellung Gottes in schwarzen Kirchen: Er sieht als weißer, blauäugiger Christus von schimmernden Buntglasfenstern auf die Gemeinde herab. Das mag einem wie eine unbedeutende Nebensächlichkeit vorkommen, aber in Anbetracht der nicht zu leugnenden Tatsache, daß in den USA ein Kastensystem existiert, hat die dieser Nebensächlichkeit innewohnende Suggestivkraft eine enorme Tragweite. Wahrscheinlich sind es solche bildhaften Darstellungen, die dafür gesorgt haben, daß viele Afroamerikaner sich desillusioniert und entfremdet von den Kirchen ihrer Jugendzeit abgewandt haben, um den verschiedenen Schulen des Islam, den vor-amerikanischen oder synkretistischen[29] afrikanischen Glaubensrichtungen zu folgen oder jede religiöse Dimension des Lebens ganz und gar zu leugnen.

Als die Kinder Israels aus der ägyptischen Knechtschaft entlassen wurden, durchquerten sie die Wüste über vierzig Jahre lang, bis schließlich alle, die in der Sklaverei gelebt hatten, verstorben waren. Liest man über diese Erfahrung in der Wildnis, so erscheint sie einem wie eine notwendige Vorbedingung für das, was daraus folgte, daß nämlich niemand mit der Psyche eines Sklaven wie ein wirklich freier Mensch im Gelobten Land leben kann. Überdies wäre die Psyche eines Überlebenden derart unauslöschlich von der Seuche der Sklaverei zerfressen, daß sie sogar noch für die nächste Generation eine Gefahr darstellen würde.
Wir, die wir vertraut sind mit der biblischen Erzählung über diesen Exodus, erinnern uns, daß in Zeiten von Gefahr, Hunger und Zweifeln ein Aufschrei durch das Volk Israels ging und es sich nach dem Land seiner Unterdrücker zurücksehnte:
»Und als der Pharao nahe herankam, hoben die Israeliten ihre Augen auf, und siehe, die Ägypter zogen hinter ihnen her. Und sie fürchteten sich sehr und schrien zu dem HERRN und sprachen zu Mose: Waren nicht die Gräber in Ägypten, daß du uns wegführen mußtest, damit wir in der Wüste sterben? Warum hast du uns das angetan, daß du uns aus

Ägypten geführt hast?«
Das zweite Buch Mose (Exodus) 14, 10-11

Die Juden ahmten später ihre ägyptischen Herren nach, indem sie das Götzenbild eines Kalbs aus geschmolzenem Gold formten – ein antikes Beispiel für ein Volk, das die religiösen Bräuche seiner Unterdrücker übernimmt.
In unserer heutigen Zeit und Kultur löste der Reverend Albert Cleage in Detroit eine beachtliche Kontroverse aus, als er für seinen Schrein der Schwarzen Madonna ein Kirchenfenster aus Buntglas und ein Altargemälde in Auftrag gab, die eine afrikanische Maria mit einem afrikanischen Christus zeigten.
Nicht viel anders als bei den Israeliten dauerte es Generationen, bis ein ehemals versklavtes Volk den Punkt seiner geistigen Freiheit erreichte, von dem aus es das Antlitz Gottes in sich selbst wiedererkennen kann.
Wenn das Gesicht und die Gegenwart des Göttlichen im Lächeln eines Kindes zu erkennen sind oder in den Hoffnungen einer Braut, der Fruchtbarkeit eines grünen Feldes, der Weisheit der Vorfahren, dann ist das ein kleines Anzeichen dafür, daß sich ein Volk aus dem dunklen Abgrund seiner Knechtschaft erhoben hat.

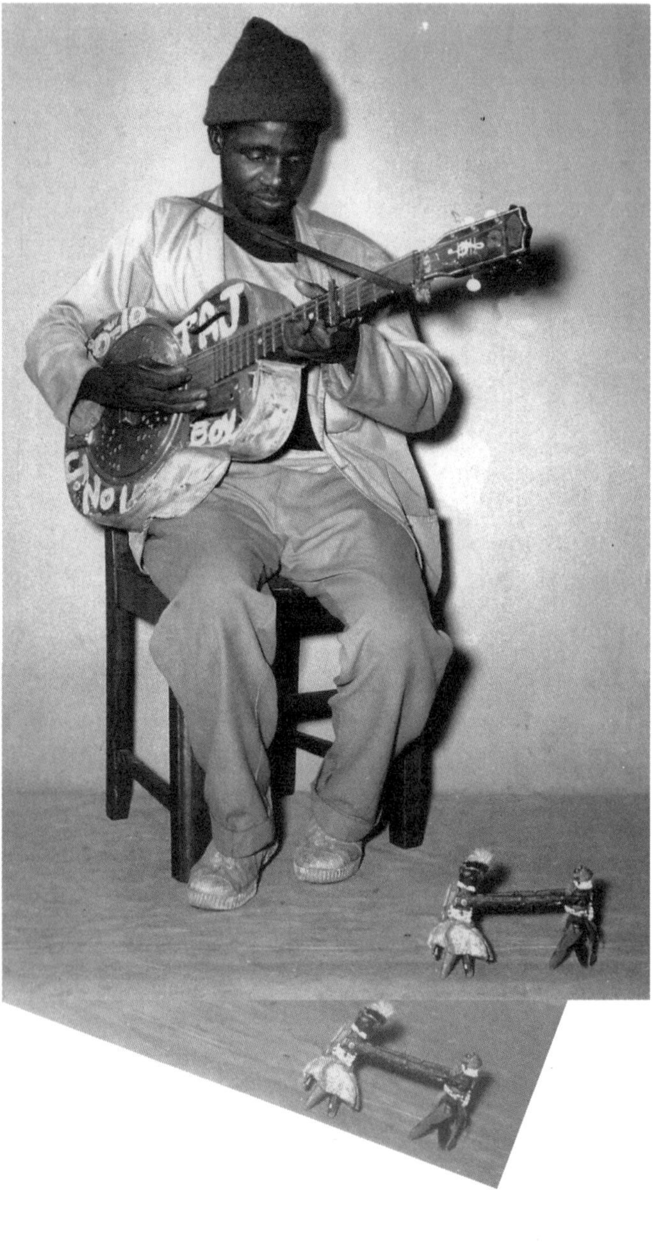

Wunder

"Wehe euch, die ihr reich seid,
denn ihr habt euren Trost bereits empfangen."

Nicht über einen Gott des Donners,
einen Gott der Seide,
einen Gott der Reichen
sprach der Zimmermann,
sondern über einen Gott der Nächstenliebe,
des Friedens, und strahlenderer Tage
als der gegenwärtigen –

einen Gott, dessen Wunder
immer noch wirksam sind
in den Verschlägen und Baracken der Sklaven,
in den Mietskasernen,
in der Hölle des Alltags
der Armen und Unterdrückten –

keine Wunder,
wie auf dem Wasser gehen,
Wasser in Wein verwandeln,
sondern Wunder einer aufkeimenden Liebe
in Herzen, in denen sie scheinbar
am allerwenigsten
erblühen sollte –

hier und dort
in den *barrios* und *favelas*[230] ,
unter denen, die am wenigsten haben,
schlagen Herzen der Hoffnung,
fliegen Funken des Siegens.

Hoffnung

Was hält mich am Leben? Mein Glaube an das Leben, das meine Religion ist – und das Beispiel meiner Brüder und Schwestern im ganzen Land, von denen viele jahrelange Gefangenschaft überlebt haben. Ihr Beispiel hat mich hinter Gittern vierzehn Jahre über Wasser gehalten. Am Leben gehalten hat mich auch mein Vertrauen in die Kraft der Verbindlichkeit, in die Kraft der Familie, die Kraft derLiebe, der Gemeinschaft, die Kraft Gottes. Ich könnte einen Begriff an die Stelle von vier oder fünf anderen setzen. »Familie«, zum Beispiel, steht für Einheit, Verbindlichkeit, Liebe. Das ist für mich »Familie«. Ein anderer Begriff ist natürlich das Lachen. Es ist ganz einfach menschlich zu lachen und Humor zu haben, auch in den kleinen Dingen. Jeden Tag. An jedem Tag gibt es irgend etwas, über das man lachen kann! Das hilft mir, meine Menschlichkeit zu erhalten.

Das Salz der Erde

Selig sind, die
um der Gerechtigkeit willen verfolgt werden;
denn ihrer
ist das Himmelreich.

Selig seid ihr,
wenn euch die Menschen
um meinetwillen schmähen und verfolgen
und reden allerlei Übles
gegen euch,
wenn sie damit lügen.

Seid fröhlich
und getrost;
es wird euch im Himmel reichlich belohnt werden.
Denn ebenso haben sie verfolgt
die Propheten, die vor euch gewesen sind.

Ihr seid das Salz der Erde.
Wenn nun das Salz nicht mehr salzt,
womit soll man salzen?
Es ist zu nichts mehr nütze,
als daß man es wegschüttet
und läßt es von den Leuten zertreten.

Jesus von Nazareth, Bergpredigt (Matthäus 5, 10-13)

Für die Feststellung, daß die Rechtschaffenen tatsächlich zu allen Zeiten immer schon verfolgt wurden, braucht es keine Bibelgelehrten. Vielleicht werden die »Sanftmütigen« eines Tages wirklich »das Erdenreich besitzen«, doch während der letzten Jahrtausende war die Erde der exklusive Besitz der Herrschenden, während die Sanftmütigen nur ihre Gräber besaßen.

Die amerikanische Geschichte bietet reichlich Stoff, das zu illustrieren: Die USA sind ein imperialistischer Nationalstaat, der sich in erster Linie aus gewaltsam besetzten Territorien zusammensetzt und unübertroffen ist in der Vernichtung der eingeborenen Völker.

Waren unsere Gründungsväter tatsächlich so sanftmütig, daß gerade sie diesen Flecken Erde besitzen sollten?

Diese Frage geht von der Behauptung aus, daß die Vereinigten Staaten von Amerika eine christliche Nation sind – eine Nation von Männern und Frauen, die scheinbar danach verlangen, wegen ihrer Rechtschaffenheit verfolgt zu werden.

Wenn diese Behauptung zutrifft, dann ist es christlich, ganze eingeborene Völker auszulöschen und ihre ausgeplünderten Überbleibsel in öde Reservate zu stecken.

Wenn das zutrifft, dann ist es christlich, Millionen von Menschen aus ihren Heimatländern in Afrika zu entführen und sie für Jahrhunderte der Sklaverei zu unterwerfen.

Dann ist es christlich, tausende Japaner in Konzentrationslager zu werfen und ihren Besitz unter dem Vorwand des magischen Stichwortes »Sicherheit« zu beschlagnahmen.

Wenn das zutrifft, dann ist es christlich, auf Hunderttausende in Japan eine Atombombe zu werfen und sie zu verdampfen, um damit der ganzen Welt seine Macht zu »demonstrieren«.

Dann ist es christlich, Millionen Menschen einzusperren und Tausende hinzurichten.
Dann ist es christlich, ein sozio-ökonomisches System zu errichten, das die Schwachen, die Unbequemen, die unterdrückten Armen und die, die sich nicht artikulieren können, an den Rand drängt.
Oder müssen wir am Ende vielleicht feststellen, daß Amerika gar keine christliche Nation ist?

Den gesichts- und namenlosen schwarzen, braunen und gelben Millionen, die von Amerika brutal mißhandelt worden sind, mag es so vorkommen, als sei der Kurs der amerikanischen Geschichte von irgendwelchen Dämonen bestimmt worden. Anstelle von Christus sollte vielleicht Dracula zur führenden Gottheit dieser Nation gemacht werden. Hat dieses Land nicht zweihundert Jahre lang den anderen Völkern dieses Planeten das Blut ausgesaugt? Und tut es das nicht noch immer?
Wo ist der Gott der Armen, der Machtlosen, der Elenden und Verdammten? Wo ist im politischen Leben dieses Landes auch nur eine Stimme der Nächstenliebe nach Christi Vorbild zu hören?
Der römische Historiker Tacitus beschrieb die ersten Christen als eine »Sekte«, die seine Stadt »in schmutzige Walltücher gekleidet« und »nach Knoblauch stinkend« betraten, ein Volk von Armen, das Salz der Erde. Wie, so müssen wir fragen, haben sie sich seit damals von einem zum anderen entwickelt: von einer Gemeinschaft der Demütigen zu den größten Blutsaugern auf diesem Planeten?
Um dieser Entartung auf die Spur zu kommen, müssen wir uns endlich eingestehen, daß eine zweite Kreuzigung Christi stattgefunden hat – nicht durch ein zweites

Römisches Reich, sondern durch eben jene Männer und Frauen, die seinen Namen tragen: seine Kirche.

Community – Gemeinschaft

»Revolution hat nichts mit Reden zu tun, sondern mit Handeln. Eine Revolution bedeutet nicht Krieg, sondern Frieden. Sie schwächt nicht, sondern stärkt. Revolution schafft keine Trennungen, sie erzeugt vielmehr ein Zusammengehörigkeitsgefühl.«
John Africa, Strategic Revolution

»Ohne Zweifel kann eine kleine Gruppe entschlossener Leute die Welt verändern. Tatsächlich hat es bisher auch nur so funktioniert.«
Margaret Mead

Für Millionen, vielleicht sogar Milliarden von uns, ist das Leben eine Suche, eine Reise auf der Suche nach dem, was wir in unserer Jugendzeit nicht erfüllt fanden. Wir suchen Liebe, wir suchen Familie, wir suchen Gemeinschaft. Und indem wir das tun, suchen wir nach Vervollkommnung unseres Ich durch andere, im größeren Ich, in dem weitere Ichs, die uns ähnlich sind, vereint sind als *commonality* – gemeines Volk – in der *community*.

Während wir heranwachsen und auf der Suche sind, stellen wir fest, daß das moderne Leben mehr und mehr zu einer inneren Leere führt. Die Seifenblasen des Materialismus zerplatzen. »Dinge«, die uns einst zu erfüllen schienen, helfen auf einmal nicht mehr dabei, die klaffenden Risse in unserer Psyche zu kitten. Unser Innerstes wird gleichzeitig in zu viele Richtungen gezerrt – die Anforderungen der Arbeit hier und soziale Verpflichtungen dort, der Druck

finanzieller Notwendigkeiten (oder die weniger dramatischen »Lasten« des Reichtums), öffentliche Verantwortung, die Bedürfnisse und Wünsche in unserer Privatsphäre. Und plötzlich zerbrechen sie, werden atomisiert, bedeutungslos. Die heutige vorherrschende gesellschaftliche Ideologie ist die einer pervertierten Individualität, die uns durch Mythen und Legenden ins Bewußtsein gehämmert wird. Sie ignoriert die historische Wahrheit der *community*, daß es immer Gruppen sind, die darum ringen, die Gesellschaftsordnung vorwärts zu entwickeln. Sie ignoriert die Realität, daß nur Menschen, die zur Zusammenarbeit in der Lage sind, als einzige wirkliche Lösungen für alle sozialen Probleme finden werden.
Als menschliche Wesen sind wir in unserem Kern gesellschaftliche Geschöpfe. Außerhalb der Bande unserer familiären und gesellschaftlichen Beziehungen können wir nicht wirklich leben. Unsere geistige Gesundheit hängt davon ab. Wir werden in der Gemeinschaft und in die Gemeinschaft hinein geboren. Wir wachsen in der Gemeinschaft auf. Die Gemeinschaft bestimmt, wer wir sind. Es ist nicht das individuelle Ich per se, sondern sein Platz im größeren sozialen Netzwerk der menschlichen Gesellschaft, das unsere Identität definiert und unserem Leben einen Sinn gibt.
Egal ob in Fragen der Religion, Politik, Ökonomie oder Erziehung, Kollektivität ist stets eine Vorbedingung für die Zwecke, die verfolgt werden. Könnte es wirklich eine Religion geben, die nur einen Anhänger hat? Oder könnte eine einzelne Person eine effektive politische Aktion unternehmen? Erfordert nicht jeder Schritt, der in Richtung ökonomischer Fortschritt getan wird, wenigstens eine bestimmte Ebene von sozialem Einverständnis, einen minimalen Willen, antagonistische Gegensätze beiseite zu schieben,

damit es funktioniert? Besteht die Erziehung in ihrer gegenwärtigen Beschaffenheit nicht im wesentlichen darin, Jugendlichen beizubringen, sich nach den Regeln der breiteren Gesellschaftsordnung zu richten? Ist es nur purer Zufall, daß Schüler in »Klassen« organisiert sind? Lernen sie dadurch nicht, wie man sich in den Status quo schickt, und nicht wie – oder sogar ob – es richtig ist, ihn zu verändern? Und wie ist es mit Verhältnissen, in denen der Status quo von Unrecht oder gar Unterdrückung geprägt ist? Man kann sagen, daß genau solche Bedingungen eine Gemeinschaft des Widerstandes haben entstehen lassen, bekannt als die MOVE Organisation, deren *raison d'être* nach den Worten ihres legendären Gründers John Africa eine umfassende Befreiung ist:

»Die MOVE Organisation ist eine starke Familie von Revolutionären, fest in ihren Prinzipien, stark in ihrem Zusammenhalt, stabil wie das Wurzelwerk eines massiven Baumes. Es handelt sich dabei um Menschen, die ausgerüstet sind mit einem profunden Verständnis davon, was es heißt, für etwas einzustehen, sich kollektiv einer Sache zu verpflichten, zielgerichtet zu sein.

Während die sogenannten Erzieher von 'Liebe' sprechen und vollmundig die Notwendigkeit des Friedens verkünden, leben wir den Frieden, verschaffen wir der Macht der Liebe Geltung, haben wir die Dringlichkeit der Freiheit begriffen. Das reformierte Weltsystem kann nicht die Liebe lehren und gleichzeitig den Haß dulden, nicht den Frieden lehren und gleichzeitig den Krieg dulden, nicht die Freiheit lehren und gleichzeitig die dazu im Gegensatz stehenden Ketten der Sklaverei dulden. Denn eine Krankheit zu dulden, bedeutet doch, etwas Ungesundes zu tun. Konzessionen gegenüber der Sklaverei zu machen, heißt, selbst versklavt zu sein. Mit

einer kompromißlerischen Person Kompromisse einzugehen, heißt, genauso zu werden wie diese Person.«[31]
John Africa hat eine bemerkenswerte Familie gegründet und geformt, eine kleine aber potente Widerstandsgemeinschaft, die das Leben zu seinem Glaubensbekenntnis gemacht hat und dafür kämpft, alles Leben zu schützen, auch Tiere wie Hunde und Katzen.
Jeder wird in seine leibliche Familie hineingeboren. In die MOVE Familie kommt, wer sie sich frei auswählt, sich ihr verpflichtet und an sie glaubt. Sie ist eine Familie, die im Kampf geboren wurde, und dennoch ist es eine Familie. Heute lebt, wächst und gedeiht sie wieder. Lang lebe John Africas revolutionäre Familie.

Männer der Geistlichkeit oder Des Priesters neue Kleider[32]

Pam Africa, Predigerin und Anhängerin der Lehren von John Africa, erzählte die folgende wahre Geschichte über ein Zusammentreffen zwischen John Africa und einem Mann der Geistlichkeit. Das Treffen fand hinter dem alten Hauptquartier der MOVE-Organisation im Stadtteil Powellton Village von West Philadelphia statt.
Die Szene: Ein Mann mittleren Alters mit Bart, gekleidet in Jeans und Stiefeln, wird vom Wortführer einer kleinen Gruppe der nahegelegenen Kirchengemeinde an die Hintertür gerufen. Beide Männer sind schwarz, weisen ansonsten aber eine beachtliche Palette von Unterschieden auf. Der eine trägt ein T-Shirt, sein Oberkörper ist schweißnaß. Der andere ist tadellos gekleidet, trägt einen Seidenanzug mit Krawatte. Das einzige, was ihm zur Vollendung noch fehlt, sind Schwalbenschwänze eines Smokings. Das Haar des einen ist graumeliert, struppig, ungekämmt und hängt ihm wie Seilenden über die Schultern. Der andere trägt sein Haar mit Pomade gefettet und glatt gebürstet – das Haupt eines Priesters.

In Philadelphia herrscht dicke Luft voll kontroverser Spannung, seit die Stadt MOVE damit droht, sie nach einer Serie von Auseinandersetzungen mit der Polizei, die großes Medieninteresse fanden und bei denen mehrere Männer und Frauen von MOVE blutig geschlagen und ein Baby getötet worden waren, von ihrem Grundstück und aus dem Stadt-

viertel zu vertreiben.
»So, Sie sagen also, alles, was ich zu tun hätte, sei beten, und schon wäre alles wieder in Ordnung?«
»Genau das sage ich, Bruder.«
»Wenn ich also bete, werden die Bullen aufhören, meine Leute zu verprügeln?«
»Ja, genau das meine ich, Bruder.«
»Wenn ich bete, werden die Bullen aufhören, uns umzubringen?«
»Ja, bete – in Jesu Namen, Bruder -, weil die Bibel sagt: 'Bittet und euch wird gegeben'. Genau das ist es, Bruder.«
»Und wenn ich bete, wird mein Volk wirklich frei sein?«
»Mmh, mmh, jawohl, Bruder!«
»Okay, dann kommen Sie, Reverend, und lassen sie uns beten!«
John Africa fällt auf seine Knie, ohne auf den Matsch zu achten, der seine Jeans schon verschmutzt hat.
»He, was machst du denn da, Bruder?«
»Sie haben doch gesagt, wir müssen beten, oder?«
»Ja, ja.«
»Also kommen Sie schon, Reverend, beten Sie mit mir!«
»Ich, äh..., ich meinte, beten in der Kirche...«
»Warum, Reverend? Ist Gott nicht auch hier draußen an der frischen Luft, ist Gott nicht überall um uns herum? Kommen Sie schon! Lassen Sie uns hier auf Gottes Erde niederknien und beten!«
Der Reverend wendet sich zum Gehen und John Africa sagt: »Was ist los? Ich denke, Sie wollten, daß wir beten. Dann sollten Sie jetzt mit mir niederknien und beten!«
Der Reverend bleibt weiter stehen und starrt ihn an. John Africa fragt ihn noch einmal: »Was ist los, Mann? Ist Ihnen Ihr Anzug wichtiger als Gott? Ich denke, Sie sagten, daß Sie

an Gott glauben. Dieser Dreck hier ist Gott, also warum knien Sie sich nicht zu mir und beten mit mir?«

»Nun, äh....entschuldige, Bruder, aber ich muß in meine Kirche zurück.«

An diesem Punkt sagt jemand von den anderen Leuten, die um die beiden Männer herum stehen: »Seht ihr das? Der Mann da liegt auf seinen Knien im Dreck. Er meint es ernst. Der Reverend ist ein Heuchler. Er hat Angst, daß er sich seinen Anzug schmutzig machen könnte. Er behauptet, daß er an Gott glaubt. Aber er glaubt an nichts anderes als an seinen feinen Anzug!«

Eine andere Frau sagt zu einer neben ihr stehenden: »Dieser Priester ist ein Scheinheiliger. Siehste, genau deshalb geh ich auch nicht zur Kirche, weil ich nich an diese Priester glaube. Sie sind alte Lügner, die meinen's nicht ernst. Der Mann da auf den Knien meint es ernst.«

John Africa fährt fort: »Sie wollen also nicht mit mir beten, Reverend?«

»Ich muß gehen, Mann, äh...es tut mir leid.«

»Warum gehen Sie, Reverend?«

Der Priester stürzt los und entfernt sich eilenden Schrittes aus dem matschigen Hof. Es scheint, daß ihm mehr an der Rettung seines Anzugs als an der Rettung einiger Seelen gelegen ist...

Einige Jahre später und einige Meilen westwärts setzt die Stadt Philadelphia das neue Haus und Hauptquartier von MOVE mit einer Brandbombe in Brand, die aus einem Hubschrauber abgeworfen wird. John Africa und zehn andere »Langhaarige« (darunter einige Frauen und Kinder) kommen in den Flammen um. Das Massaker war so geplant, daß es am Muttertag stattfand.

Die Szene: Rauchende Trümmer eines ganzen Stadtviertels, wenige Stunden zuvor noch der Ort eines Infernos aus glühender Hitze und hochwallender Feuersbrunst.
Philadelphias Geistliche haben sich erneut versammelt, allerdings nur um das Gemetzel zu begutachten, und nicht etwa, um für die Gefallenen zu weinen oder für die Toten zu beten.
Sie sind in Talaren mit weißen Kragen erschienen, um mit ihrer Zusammenkunft für den Bürgermeister einer Stadt zu beten, die eine Bombe auf ihre eigenen Bürger geworfen hat, und ihre eigenen Kinder auslöscht, verbrennt und verstümmelt.

Der Polizeichef, der Leiter der Feuerwehr, der Bürgermeister und seine Beamten sind fast bis auf den letzten Mann »christliche«, religiöse Leute. Die meisten von ihnen sind Baptisten oder Katholiken. Dennoch sind die Männer, die sich hier zum Beten versammelt haben, nicht nur einfache Kirchgänger. Sie sind Prediger, Pastoren, Priester! Außer Beten scheinen sie aber wenig tun zu können. Warum sollten sie auch? Sie haben gerade beide Augen zugedrückt angesichts eines regelrechten Krieges gegen Leute, die nichts als eine Ordnungswidrigkeit begangen haben, angesichts des Todes von elf Menschen durch die Explosion einer aus der Luft abgeworfenen Bombe, angesichts der Zerstörung dutzender Häuser und angesichts der permanenten Verbreitung von Angst und Schrecken unter der Bevölkerung des Stadtviertels.
Und so beten sie und gehen nach Erfüllung ihrer Pflicht nach Hause.
Männer der Kirche, gewiß. Aber auch Männer des Geistes?

Haß ist ein schlechter Ratgeber

Ein kalter Herbstwind wehte durch den Maschendrahtzaun und die von Nato-Stacheldraht gekrönten Käfige. Zusammen mit Rog, einem brillanten *jailhouse lawyer*[33], lief ich ein paar Runden links herum, um uns für ein paar Handballspiele im Käfig aufzuwärmen. Wir waren noch keine zwanzig Schritte gelaufen, als ein Mann mit Schnauzbart und mit einem Pullover bekleidet auftauchte. Mein Betreuer. Wir warfen uns ein paar Worte zu, aber ich lief dabei weiter. Ich lief an ihm vorbei und ließ ihn Schritt für Schritt hinter mir.

»Jamal! Irgend was, worüber Sie reden möchten? Keine Lust zu quatschen, was?«

Er ging wieder weg, wobei er pro forma ein paar Notizen auf sein Clipboard kritzelte. Rog blieb stehen.

»Was ist los, Mann?«

»Hast du die Scheiße mitgekriegt?«

»Wovon redest du, Rog?«

»Wie der Typ dich angestarrt hat!«

»Was meinst du, Mann?«

»Jeeesus! Hast du nicht mitgekriegt, wie dich dein Betreuer angeglotzt hat? Wie er mit dir gesprochen hat, Mu?«

»Ach, hör mal, Mann, mir ist der Typ völlig egal!«

»Aber er ist dein Betreuer«

»Ja, das ist sein Titel, aber was kann er schon tun? Kann er mir vielleicht zu einem Telefongespräch verhelfen?«

»Nein, aber...«

»Siehst du!«

»Aber darum geht es doch gar nicht.«

»Worum geht's denn dann?«
»Wie der Typ dich angestarrt hat.«
»Was meinst du denn, Rog?«
»Der Typ haßt dich, Jamal!«
»Und...?«
»Ich habe noch nie gesehen, daß ein Betreuer jemanden so behandelt hat. Wie fühlst du dich denn jetzt?«
»Um ehrlich zu sein, Rog, darüber habe ich noch nie richtig nachgedacht. Ich halte das einfach für normal, glaub ich.«
»Normal? Mein Betreuer redet jedenfalls nicht so mit mir! Ich hab mir das Gesicht dieses Typen angesehen und hab eine Gänsehaut bekommen, Mu!«
»Wirklich?«
»Kein Scheiß, Mann!«
In Gedanken sah ich einen Augenblick dieses Gesicht wieder vor mir, und sah – ja, ich sah wirklich – was Roger so aufregte. In dieses Gesicht stand nackter Haß geschrieben. Warum hatte ich das noch nie vorher bemerkt? Warum hatte ich das nur ignoriert?
Roger, ein Mann mit drei Verurteilungen wegen Mordes, dreimal zum Tode verurteilt und verdammt zu einer Ewigkeit jenseits aller Zeitrechnung, war kein großer Optimist. Wie konnte er nur von etwas so zutiefst schockiert sein, was ich ohne seine Hilfe noch nicht einmal bemerkt hätte?
Es dämmerte mir dann, daß ich die haßerfüllte Fratze meines Betreuers vorher doch schon einmal gesehen hatte, als er noch seine graue Schließeruniform trug, mit einem Holzknüppel in seiner weißen Faust und einem Lederriemen über seinem Rücken.
Jetzt hatte er die Funktion eines Betreuers übernommen, aber nur seine Dienstkleidung hatte sich geändert, nicht sein Gesicht.

Ich erinnerte mich wieder daran, wie er, mit der Waffe in der Hand, nackte Gefangene zu den Duschräumen führte. Für mich war er niemand, den man um Rat oder Beistand ersuchen konnte, denn er hatte seine Waffe nur gegen einen Kugelschreiber und ein Clipboard ausgetauscht. Er war nach wie vor ein Agent *des* Staates, der mir nach dem Leben trachtet, jetzt nur ausgestattet mit einer anderen Funktion. Wenn ich auch seinen Haß nicht sofort bemerkt habe, so wußte ich doch intuitiv, daß es einen gravierenden Unterschied gab zwischen der Art, wie er Rog, und der Art, wie er mich ansah. Ein Unterschied, den ich mir selber nicht erlauben konnte zu sehen, den aber ein weißer Gefangener im Todestrakt nicht ignorieren konnte. Wir waren beide zum Tode verurteilt (einer sogar dreimal!), dennoch hat der Betreuer nur einen von uns beiden wie einen Menschen behandelt, den anderen wie ein Tier ohne menschliche Wesenszüge.
Möglicherweise hatte ich mich vorher im Unterbewußtsein entschieden, den Unterschied nicht sehen zu wollen. Hatte mich entschieden, nicht sehen zu wollen, was eigentlich jeden Tag zu sehen war: daß ich psychisch angespuckt wurde, Haß, Angst und Entfremdung gegen mein Inneres gerotzt wurden. Meine gewollte Blindheit, meine vorgetäuschte Unsichtbarkeit und die psychologischen Verrenkungen unterlagen weniger meinem freien Willen, waren vielmehr Mechanismen der Selbstverteidigung: eine Überlebensstrategie in einem Haus des Todes.

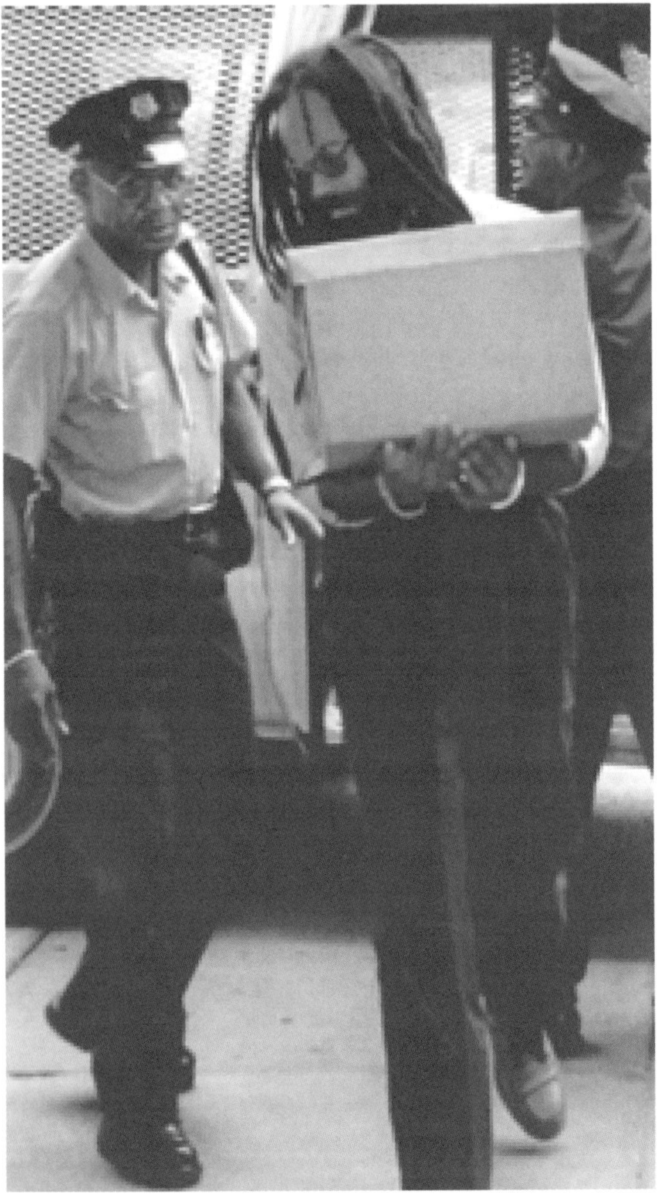

Menschen

Fünfundneunzig Prozent der Gefängniswärter, denen ich begegnet bin, verrichten ihren Job nur aus finanziellen Gründen. Wie Polizisten und Sheriffs sind auch sie Menschen, menschliche Wesen, und ihre zentralen Sorgen, Bedürfnisse und Ängste sind dieselben wie bei allen anderen Leuten: Sie brauchen Geld, um ihre Miete bezahlen zu können, etwas zu essen auf den Tisch zu bringen und ihren Kindern eine Ausbildung zu ermöglichen.

Aber ihre Angst hat sie zu einem Teil des Systems gemacht. Sie haben sich dem System gebeugt, weil es auf Angst aufgebaut ist. Bedenkt, daß das System nicht real ist, sondern daß es eine Idee ist, die man bekämpfen und niederreißen kann. Die Leute vergessen, daß wir weder das System brauchen noch seine Accessoires, von denen wir fälschlicherweise annehmen, daß sie von wesentlicher Bedeutung für unser Leben sind. Wir brauchen nur das, was uns Gott gegeben hat: Liebe, Familie, Natur. Wir müssen das System verändern. Das ist die Herausforderung. Es ist machbar, aber nur dann, wenn wir es selbst tun.

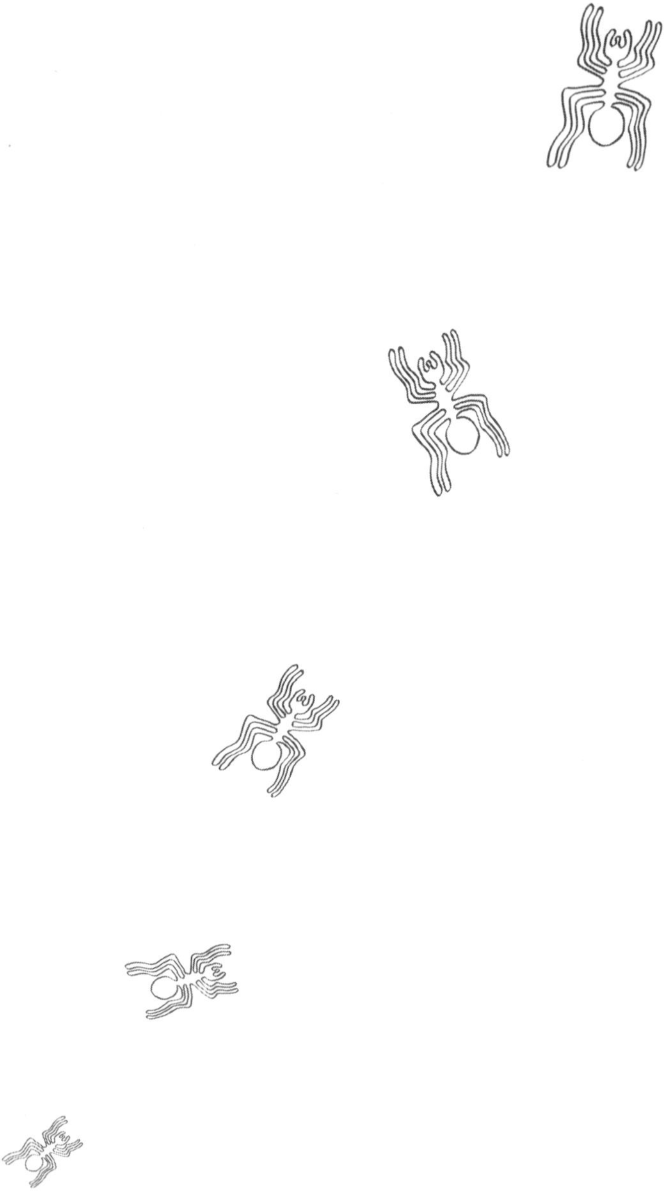

Die Spinne

Norman rief zu mir herüber, mit gedämpfter Stimme und ungewohnt konspirativ: »He, Mu, haste zu tun, Mann?«
»Nee, Norm, ich les nur grad was. Also was gibt's, Mann?«
»Ich guck mir grad 'ne Spinne in meiner Zelle an. Is'n wunderschönes Muttertier, Mann!«
»Wirklich?«
»Ja, sie is ganz klein, aber so stark, Mann!«
»Mmh, mmh...«
»Und weißte was unglaublich ist?»
»Na was, Norm?«
»Stell dir vor, wie sie ihr eigenes Zuhaus macht ... ihr Netz ... mit ihrem eignen Körper!«
»Ja, Mann, das is wirklich unglaublich.«

Und tatsächlich war das gerade für Norman unglaublich, einen Mann in völliger Isolation. Hier saß er also – und würde noch sitzen bis ans Ende seiner Tage – in der antiseptischen Stille eines Blocks in einem Superhochsicherheitsgefängnis, und doch war er nicht völlig allein. Mit einer stillen, unbewußten Tapferkeit, die den höchsten Anstrengungen des Staates, Norman in Quarantäne zu halten, trotzte, war es den Spinnen gelungen, bei ihm einzuziehen und Netze in der dunklen Ecke unter seinem Waschbecken zu spinnen. Nun teilten sie sich mit ihm die Zelle und er verbrachte Stunden damit, ihnen beim Spinnen ihrer wundersamen Seidenfäden zuzuschauen.
Norman beobachtete sie, während sie Junge bekamen. Er sah zu, wie sie sich an die paar Fliegen heranpirschten, die sich in seine Zelle verirrt hatten und in die Falle tappten. Er

verfolgte, wie sie den Lebenssaft aus ihrer Beute heraussaugten, bis nichts mehr blieb als ausgetrocknete Hüllen. Er beobachtete sie mit tiefer und ehrfürchtiger Bewunderung und machte aus seiner Zelle ein Studierzimmer. Norman setzte seine Beobachtungen fort, und wann immer etwas wirklich bemerkenswertes passierte, pochte er leise an die Wand. Er flüsterte dann immer mit gedämpfter Stimme: »Mu – he, Mu! Biste grad beschäftigt, Mann?« Ich war selten zu beschäftigt, um ihm nicht fünfzehn oder zwanzig Minuten zuhören zu können, und es dauerte nicht lange, bis ich feststellte, daß ich seine Faszination und seinen Enthusiasmus teilte. Und siehe da, allmählich zeigte sich auch in der Ecke unter meinem Waschbecken ein Spinnennetz.

In den alten afrikanischen und westindischen Sagen spinnt eine Mutterspinne namens Anansi reichlich ihre Fäden. Sie ist weise und beschützt andere, sie kennt Sprichwörter und besitzt die Gabe, die Zukunft vorauszusagen.

Eine bekannte ghanaische Geschichte erzählt von einem Waldbrand, der schnell um sich greift. Als die Tiere sich hastig in Sicherheit bringen wollen, fühlt die Antilope ein Kitzeln. Eine kleine schwarze Spinne hat sich auf ihrem Ohr niedergelassen. Bevor die Antilope jedoch ihren Kopf schütteln kann, um sie abzuwerfen, flüstert die Spinne: »Ich bin's, Anansi. Nimm mich mit und ich werde es dir wieder gutmachen.« Die Antilope, die sich mehr um ihr eigenes Überleben sorgt, als sich um die bedeutungslosen Unpäßlichkeiten einer Spinne zu kümmern, ist einverstanden und rennt los, um sich in Sicherheit zu bringen. Anansi weist ihr den Weg. Als sie in Sicherheit sind, klettert

Anansi herunter, dankt der Antilope und verspricht, ihr das nicht zu vergessen.
Einige Zeit später befindet sich die Antilope mit ihren Jungen erneut in Gefahr. Diesmal wird sie von Jägern bedroht. Ihr Jüngstes ist zu klein, um davonlaufen zu können, deshalb befiehlt sie ihm, sich auf den Boden fallen zu lassen und sich im Gebüsch zu verstecken. Dann springt sie aus dem Unterholz hervor und lockt die Jäger fort von ihrem Baby auf eine falsche Fährte. Pfeile surren durch die Luft, aber sie treffen nicht, die Antilope ist zu flink. Die Jäger geben schließlich auf und verlassen den Wald.
Vorsichtig kehrt die Antilope zurück, um ihr Jüngstes zu suchen, dessen leises Wimmern sie hört, aber nicht ausmachen kann, von wo es kommt. Wo nur ist ihr Baby? So sehr sie es auch sucht, sie kann es nicht finden.
Just in diesem Moment läßt sich Anansi an einem ihrer dünnen Seidenfäden vom Ast eines Baumes herab und macht sich bemerkbar. Flüsternd geleitet sie Mutter Antilope zu einer Gruppe von Sträuchern, wo ihr Baby unter dem Schutz eines dicht gesponnenen Netzes verborgen liegt. »Ich habe dir ja gesagt, daß ich dich nicht vergessen werde«, erinnert Anansi die Antilope an ihr Versprechen.

Für Norman, selber Opfer einer Jagd, die nicht weniger tödlich ist als die gegen die Antilope im Dschungel, war Anansi zu einer lebenswichtigen Gefährtin geworden. In einer Zelle, die so konstruiert ist, daß sie die Einsamkeit eines Menschen potenziert und seinen Geist und seinen Verstand tötet, war Anansi eine Quelle von Freundschaft und aufregender Wunder. In dieser Betongruft, die errichtet wurde, um Menschen bei lebendigem Leibe zu ersticken, erschien sie Norman als winzige, aber wunderschöne Botin des Lebens. Sie brachte Erleuchtung in seinen Alltag und gab seinem Leben Sinn. Sie war Natur mitten im Unnatürlichen.

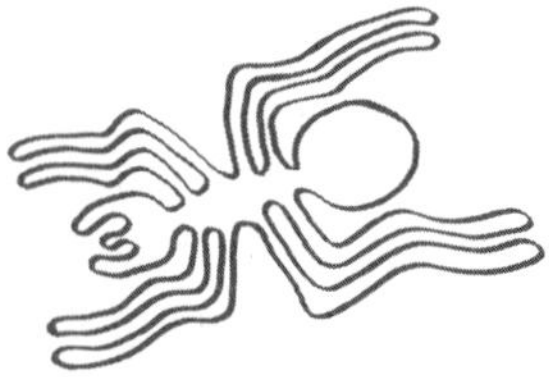

Herbst

Jedes Jahr, wenn der Sommer zu Ende geht und die Luft kühler wird, breitet sich ein Gefühl der Trauer aus. Die Blätter bereiten sich auf ihren Schwanengesang vor. Ihre Trennung vom Mutterbaum erzeugt eine Explosion der Farbenpracht. Blumen verwelken, die lebendigen Geräusche der Insekten ersterben. Sogar das fröhliche Vogelgezwitscher verblaßt.

Wie eine alte Frau bereitet sich die Erde auf ihren Tod vor. Oftmals zieht sie eine Schneedecke über sich und das Feuer des Sonnenlichts verschwindet aus ihrem Gesicht. Ihr Haar, einst grün und üppig, wird dünn und fällt aus. Ihr Blut, ihr blaues pulsierendes Blut, verringert sich zu einem tröpfelnden Rinnsal und kommt unter dem Frost schließlich zum Stillstand. Die Vorboten des Todes sammeln sich um sie herum wie ein Sturm.

Was kann man anderes tun, als sich zu grämen? Nur die Gewißheit der Erneuerung mildert das alles durchdringende Gefühl des Verlustes: das Wissen, daß hinter der kalten Nacht schon das Morgen des Frühlings wartet; daß unter dem brachliegenden Acker schon ein mächtiges Herz schlägt, randvoll mit Leben; daß das Leben schon im Leben existiert und für immer weiterbestehen wird.

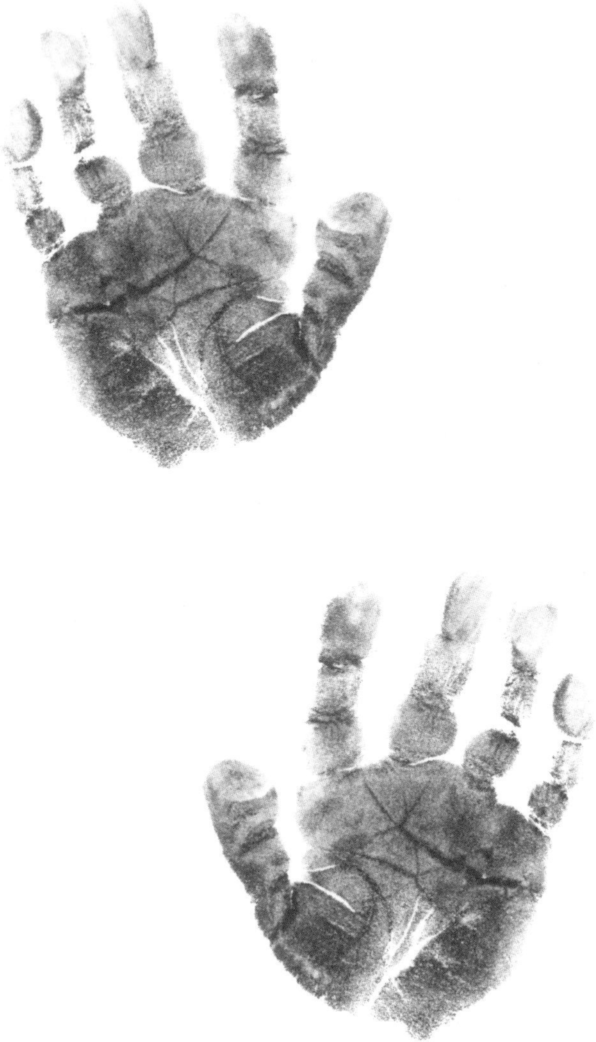

Kinder

Jonathan Kozol zeigt uns in seinem Buch »Amazing Grace« etwas, das eine sehr positive Bedeutung hat: die Kraft, die in der Hoffnung eines Kindes steckt. Die Kinder, deren Geschichten er uns erzählt, haben die vorstellbar schlechtesten Lebensbedingungen dieser Welt – sie leben in drogengeschüttelten Slums – und sind dennoch erfüllt von einer angeborenen Hoffnung.

Es gibt natürlich einen negativen Part, der trotz dieser Hoffnung bestehen bleibt, und das ist die Realität der Welt um die Kinder herum. Die Kinder haben Hoffnung, aber sie sind nicht so blind, daß sie nicht merkten, wie die soziale Ordnung sie ignoriert und manchmal sogar verachtet.

Da gibt es im Buch den kleinen David, der Kozol davon erzählt, daß er den Bürgermeister von New York City im Fernsehen gesehen hat, und dann sagt er: »Ich mag ihn nicht.« Kozol fragt: »Warum sagst du das?« Und David antwortet: »Weil, wenn ich in seine Augen sehe, dann finde ich da nur Kälte. Der versteht gar nicht, wie arme Leute leben müssen.« Das ist die Art, wie die meisten Politiker dieses Systems, vor allem die meisten reichen Leute, auf arme Kinder herabblicken. Und die Kinder merken das. Sie fühlen diese Kälte der Leute, die buchstäblich ihre Lebensbedingungen kontrollieren, den Zustand ihres Stadtteils, den Grad ihrer Bildung.

Trotzdem geben viele dieser Kinder nicht auf. Das beste, was wir für sie tun können, ist sicher, ihre Hoffnung zu hegen und zu pflegen – ihnen Gründe dafür zu geben, neue Hoffnung zu schöpfen, und die Hoffnung, die schon in ihnen ist, weiter zu nähren, damit sie zu etwas Starkem heranwachsen kann, das sie durchs Leben trägt. Elie Wiesel sagt, daß das größte Übel in der Welt nicht Ärger und Haß sind, sondern die Gleichgültigkeit. Wenn das stimmt, dann trifft auch das Gegenteil zu: daß wir unseren Kindern am besten unsere Liebe zeigen können durch die Beachtung, die wir ihnen entgegenbringen, und die Zeit, die wir für sie haben. Vielleicht nützt es unseren Kindern am meisten, wenn wir sie einfach wahrnehmen.

Kinder haben nicht nur eine angeborene Hoffnung – sie *sind* die Hoffnung. Und mehr noch: Sie sind unsere Zukunft. Wie Khalil Gibran schreibt, sind sie wie »lebende Pfeile, die schnell und weit fliegen« in die Unendlichkeit, und ihre Seelen »wohnen im Haus von morgen...«. Sie nehmen ihre Hoffnung mit sich in eine Zukunft, die wir nicht sehen können.

Kinder kommen zu uns aus einer heiligen Quelle, die ich »Mama« nenne, also aus dem Leben selber, und sie führen uns auch wieder zu ihr hin: zu den göttlichen Kräften der Schöpfung. Das ist der Grund, warum jeder von uns – egal von welcher Rasse, Weltanschauung, Religion oder Politik – beim Anblick eines Kindes Freude empfindet. Wir schauen sie an und irgend etwas trifft uns in der Mitte unseres Herzens und läßt uns erschauern. Sie sind lebende Wunder, und wenn wir sie anschauen, dann wissen wir, daß es einen Gott gibt, daß das Leben selbst ein Wunder ist. Kinder zeigen uns in ihrer Unschuld und Klarheit das Antlitz Gottes in Menschengestalt.

Die Schöpferin

Wir sollten uns nicht daran stoßen, daß die Menschen Gott mit verschiedenen Namen belegen. Wir müssen versuchen zu verstehen, was sie damit meinen. Ihr gebraucht das Wort Gott oder Göttin, ich nenne sie Mama. Für mich ist Gott das, was für euch eure Mutter ist. Die engste Beziehung auf dieser Welt ist die zwischen Mutter und Kind. Mama ernährt uns. Ihre Sonne wärmt uns und ihre Erde gibt uns zu essen. Sie gibt uns Luft, Wasser, hübsche Blumen auf dem Feld, sie gibt uns Bäume, Wälder, kleine Vögel – sie ist das Leben. Das Leben schenkt allem in der Schöpfung neues Leben. Das ist für mich Gott. Jeder, der sich gründlich mit Religion auseinandersetzt, wird herausfinden, daß es große kulturelle und traditionelle Unterschiede darin gibt, wie Menschen das göttliche Wesen begreifen. Vieles davon ist geprägt durch soziale Sitten und Gebräuche, manches sogar durch Politik. Menschen sind verschieden. Bedenkt aber, daß all die tausend verschiedenen Namen, die wir für die Schöpferin gebrauchen, von Menschen erdacht sind. Es gibt aber nur die Eine Schöpferin.

Vater Sehnsucht

Es ist mehr als drei Jahrzehnte her, daß ich in sein Gesicht geschaut habe, und doch sehe ich ihn nun öfter bei einem flüchtigen Blick in den Spiegel, manchmal eher verborgen. Er war von kleiner Statur, kleiner als ich vor zehn Jahren, rund, fast schon ein wenig kahl und sein Gesicht hatte die Farbe einer Walnuß. Er hinkte ein wenig und rauchte Zigarren, meist von der Marke »Phillies«. Obwohl er nicht groß war, war er doch nicht unscheinbar, sondern eher eine beeindruckende Erscheinung, mit einem starken, nicht dicklichen Körperbau. Seine tiefe Stimme mit dem typischen Akzent des Südens ließ jedes Wort zäh und süß wie Sirup über seine Lippen kommen.
Seine ausgefallenen Wörter haben seine Söhne oft dazu gereizt, sie sich immer und immer wieder zuzurufen. Sie waren wie Überraschungen aus der geheimnisvollen Tiefe einer Wundertüte. Wörter, so wundervoll neu und so völlig anders als andere.
»Jungs, hört mit diesem Geringele auf, hört ihr mich?« Und die Jungs hörten sofort mit ihrem Gerangel auf, während sie sich kaum halten konnten vor Lachen, einem gurgelnden, aus der Mitte des Bauches hervorquellenden Lachen, und immer wieder kicherten: »Geringele, Geringele! Geringele, Geringele!« Für Tage und Wochen hatten diese kleinen Jungs ein neues Spielzeug und brachten sich mit diesem einen Wort gegenseitig zu neuen Albernheiten und kullerten mit Tränen vor Lachen auf dem Boden herum. »Geringele!«
Er war schon ein relativ alter Mann, als er seine Söhne in die Welt setzte, über fünfzig, und es lag wohl an seinem Alter, daß er uns in einer für einen Mann in der damaligen

Zeit ungewöhnlich offenen Weise seine Zuneigung zeigte. Er küßte seine Söhne, zog sie an und ließ sie ganz praktisch spüren, wie sehr er sie liebte. Er redete mit ihnen. Und er ging mit ihnen spazieren, immer und immer wieder.
»Papa, trag mich!« quengelte ich.
»Es ist nicht gut, Junge, so viel getragen zu werden. Laufen ist besser für dich. Dann lernst du es schneller.«
Jahrzehnte später hörte ich das gleiche von einem meiner Söhne, und meine Antwort war wie das Echo meines Vaters. Seine Augen hatten durch sein Alter schon so an Farbe verloren, daß sie manchmal bläulich schimmerten, aber sie hatten trotzdem jenen beständigen Glanz der Freude, der Liebe und des Lebens. Nur für ein Jahrzehnt teilte er mein Leben, und sein früher Tod nach einer Krankheit riß ein Loch in meine Seele.

Selber vaterlos suchte und fand ich Vaterfiguren in Leuten wie dem Führer der Black Panther Party, Reggie Schell, dem damaligen Verteidigungsminister der Partei, Huey P. Newton, und in der Partei selbst, die mich in einer Zeit innerer Leere aufnahm und versorgte und mich teilhaben ließ an jener großen und militanten Familie von Revolutionären. Viele gute Männer und Frauen wurden mir zu Lehrern und Beratern und zu meinem Vorbild für das revolutionäre Ideal. Zum Beispiel Zayd Malik Shakur, von der Polizei ermordet, die gleichzeitig Assata Shakur[34] verwundete und verhaftete. Oder Geronimo ji jaga (Pratt), der die Ortsgruppe der Partei in Los Angeles auf hervorragende Weise führte und sie gegen die tödlichen Angriffe des Staates verteidigte, bis er als ein Opfer von Willkür und Repression der Justiz verhaftet und seiner Familie und seinen Kindern bis heute für ein Vierteljahrhundert entrissen wurde.[34a]

Hier im Todestrakt, in der weggeschlossenen Unterschicht einer Gesellschaft, wo jeder Vater kinderlos und jeder Mann vaterlos ist, erleben alle, die jemals etwas von der Liebe zwischen Vater und Sohn kennenlernen durften, diese Momente in der Erinnerung wieder und schöpfen daraus Kraft. Und denen, die das nie erlebten – den Ungeliebten – ist es im wesentlichen unmöglich zu lieben. Sie leben entfremdet von jedem Menschen um sie herum, im Streit selbst mit ihren eigenen Familien.

Hier in der von Menschen geschaffenen Hölle, schäumen unzählige junge Männer über vor bitterem Haß und Groll gegen ihre abwesenden Väter. Einige haben es sich angewöhnt, mich »Papa« zu nennen – ein Kosename, dessen Ironie ihnen nicht bewußt ist.

Mir war sie immer bewußt. Ich weiß, daß ich unter einer Generation junger Männer lebe, die nicht nur gepackt sind von einer allgemeinen Vereinsamung, sondern von einem nagenden Seelenhunger nach Vaterliebe. Ich hatte meinen eigenen Vater. Später hatte ich die Partei, hatte Geronimo, Delbert, Chuck, Mike, Ed und Phil, Sundiata, Mutulu und andere Altfreaks, so wie ich nun einer bin. Wen aber haben die anderen hier gehabt?

Und doch habe ich mich lange Zeit gegen diesen Spitznamen gewehrt. Ich wollte nicht der »Papa« sein für junge Männer, die ich nicht einmal kannte, während ich von Staats wegen nicht einmal Vater für meine eigenen Kinder sein durfte. Meine Söhne waren noch Babys, als ich in diese Hölle geworfen wurde und keine noch so große Zahl von Briefen, Postkarten oder Anrufen kann je die Wunden heilen, die diese lange und einsame Zeit der Trennung in ihre Herzen und das ihrer Schwester geschlagen hat.

Ich wollte es auch nicht wahrhaben. Denn wer war denn der

Altfreak, nach dem sie da riefen? Doch nicht etwa wirklich ich? Um die Wahrheit herauszufinden, machte ich eine Reise, eine Wanderung zu dem hochglänzend polierten Stahlspiegel an der Wand, aus dem mich das Gesicht meines Vaters anstarrte: Ich bin er... und sie sind ich.

Mutterlos

Relativ groß, mit Wangenknochen wie Gebirge, Grübchen wie Donuts und einer maisfarbenen Haut, ließ sie das Leben im Süden hinter sich, um dorthin zu gehen, was damals als das gelobte Land angesehen wurde, »up Nawth«, rauf nach Norden. Obwohl sie ihr halbes Leben lang »up Nawth« lebte, liebte, eine Familie gründete und arbeitete, verlor sie niemals den weichen, lyrischen Akzent ihres Südstaatendialekts. Wörter mit nur einer Silbe taten sich in ihrem Mund mit einer weiteren zusammen, wobei oftmals die zweite Silbe stärker betont wurde: aus »Keith« wurde »Key-earth«, aus »Kind« wurde »Ki-hind«, und ihr quiekendes, lang anhaltendes Lachen brachte Licht in jedes Zimmer als sei ein Feiertag. Sie lebte mit ihren Kindern in den »pee-jays«, den »projects« genannten Mietskasernen, aber erst Jahre später, als wir schon älter waren, begriffen wir, daß wir in Armut gelebt hatten, denn unsere Mutter hatte es immer verstanden, dafür zu sorgen, daß es uns an nichts fehlte. Sie war eine freundliche Frau, die – wenn überhaupt – gut über andere Leute sprach, aber sie konnte sich in eine Löwin verwandeln, wenn eins ihrer Kinder angegriffen wurde.

Es war in den frühen Sechzigern, als ihre Tochter in einen Nachbarschaftsstreit verwickelt wurde, der außer Kontrolle geraten war. Sie griff sich einen Besenstiel, brach ihn mittendurch und schlug sich damit eine Gasse in Richtung des Häuserblocks, wo ihre Tochter durch den Terror wie gelähmt dastand, packte sie beim Arm und prügelte sich ihren Weg frei nach Hause. Erst als sie sicher wieder im Innern der Wohnung angelangt war, bemerkte sie, daß ihr draußen eine Schnittwunde beigebracht worden war. Die Liebe zu ihrer Tochter war so stark, daß sie es nicht gemerkt hatte. In ihr flossen reißende Flüsse liebender Kraft. Die Liebe einer Mutter ist das Fundament jeder Liebe. Sie ist die allererste Beziehung jeder menschlichen Liebe, die erste Liebe, die wir erfahren, und übt deshalb einen bedeutenden Einfluß auf alle späteren Beziehungen in unserem Leben aus. Es ist eine Liebe, die sich jeder Begründung entzieht. Wahrscheinlich habe ich deshalb geglaubt, daß sie ewig leben würde, daß diese Frau, die mich, meine Brüder und meine Schwester geboren hat, niemals dem Tod begegnen würde. Vierzig Jahre lang rauchte sie Pall Malls und Marlboros, aber trotzdem habe ich geglaubt, daß sie ewig leben würde. Als sie während meiner Haft an einem Lungenemphysem starb, fuhr diese Nachricht wie ein Blitzschlag in meine Seele. Mein ganzen Leben lang hat es keine Zeit gegeben, in der sie nicht da war. An einem kalten Februartag hat sie plötzlich aufgehört zu atmen. Ihre angenehme Gegenwart, ihr weiser Rat waren für immer von uns gegangen. Vom Tod der eigenen Mutter zu erfahren, aber im Gefängnis bleiben zu müssen!

Sich ihren leblosen Körper vorzustellen, aber weiter in Ketten zu liegen!

Die Hoffnung zerschmettert, sie, die mich geboren hat, jemals wieder in meine Arme schließen zu können!

Begegnung mit einem Mörder

In Philadelphia steht Hank Fahdys Name für Abschaum. 1981 wurde er wegen Vergewaltigung und Mord an einem jungen Mädchen schuldig gesprochen und in der Folge zum Tode verurteilt. Fahdy befand sich fortan aber nicht nur in der »normalen« Hölle des Todestraktes, sondern zusätzlich noch in einer virtuellen Unterwelt. Gebrandmarkt als »Kinderficker« mußte er die Abscheu und Schmähungen der anderen Gefangenen aushalten, für die sein Verbrechen etwas war, das nicht einmal der Verachtung wert ist.
Fahdys Odyssee durch diesen Hades war nicht leicht: Eine Reihe von Selbstmordversuchen wechselten sich ab mit Phasen eines fast manischen Evangelisteneifers, in denen er wie ein lebendes Pendel zwischen Visionen der Hölle und des Himmels hin und her schwang, beides außerhalb seines Fassungsvermögens.
Ende Juni 1995, als er seinen zweiten Hinrichtungsbefehl hatte und vierzehn Tage später sterben sollte, sollte Hank den lebenden Personifizierungen seiner Dämonen und Engel von Angesicht zu Angesicht gegenübertreten.
Obwohl sein Hinrichtungsbefehl in Vollzug gesetzt war und er innerhalb von zwei Wochen sterben sollte, verlegte man Fahdy in ein Stadtgefängnis von Philadelphia (statt, wie es üblich war, in das Staatsgefängnis von Graterford).
Bei seiner Ankunft wurde er in eine Zelle gesteckt, in der die Worte »Jamie Fahdy – ruhe in Frieden« auf die Wand gekritzelt worden waren. Jamie Fahdy, ein hübsches, besorgtes, liebeshungriges junges Mädchen – geschlagen,

ermordet und dabei angeblich vergewaltigt – Hanks achtzehnjährige Tochter, die kaum vier Jahre alt war, als er in die Hölle geworfen wurde.

Doch das war noch nicht alles.

Durch boshafte Flüsterpropaganda der Gefangenen um ihn herum erfuhr er etwas Erstaunliches: Der Mann, der dafür verurteilt worden war, seine Tochter geschlagen, getötet und vergewaltigt zu haben, war nicht nur im selben Gefängnis untergebracht, sondern sogar im selben Block!
Es war unausweichlich, daß Hank auf Mark (Name erfunden) treffen mußte, aber sein Haß verwandelte sich im Laufe von einigen Monaten in schieres Mitleid.
»Ich habe ihn gehaßt, Jamal«, gab Fahdy zu, »aber als ich diesen Jungen sah, gerade mal achtzehn Jahre alt, da wurde mir klar, durch was für eine Hölle er gegangen war. Außerdem dachte ich an seine Mutter und die Schmerzen, die ich ihr zufügen würde, wenn ich ihn niederstechen würde.«
In allen amerikanischen Gefängnissen sind Morde an der Tagesordnung. Überall im Land sehen Männer in den Todestrakten ihrer Hinrichtung entgegen, weil sie im Gefängnis jemanden umgebracht haben.
Hank hatte nur noch zwei Wochen zu leben. Was hatte er schon zu verlieren?
»Weißt du, Jamal, ich sah diesen achtzehnjährigen Jungen an und erinnerte mich an den Blick meiner Mutter, die damals noch lebte und mich im Knast besuchte. Dieser Blick war voller Scham darüber, ihren Sohn im Todestrakt wiederzusehen. Ich hatte nicht den Mut, es diesem Jungen ins Gesicht zu sagen, aber ich konnte mir vorstellen, daß seine

Mutter ihn genauso anblickte. Und das tat mir weh, Jamal, es tat mir wirklich weh, Mann!«
»Was tat dir weh, Hank? Wie meinst'n das?«
»Nun, es waren zwei Sachen. Erstens war diese Sache eingefädelt worden. Die wollten, daß ich diesen Knaben umbringe. Warum sonst hätten sie uns in denselben Block stecken sollen? Also weißte...! Zweitens, dieselben Leute, die mich in die Todeszelle gebracht haben, werden auch diesen Knaben in die Todeszelle bringen, aber er weiß davon noch nichts.«
»Was hast du Mark denn erzählt, Mann?«
»Ich sagte zu ihm: Ich vergebe dir, Mann! Und ich sagte zu ihm, er soll seinem Verteidiger das mitteilen, und auch, daß ich alles dafür tun würde, ihm die Todeszelle zu ersparen.«
»Wie hast du dich gefühlt, als du dem Jungen das so gesagt hast, Hank?«
»Weißte, Jamal, ich hab mich gut gefühlt. Ich fühlte mich einfach als der bessere Mensch, weil das System, das mich umbringen will, und dasselbe System, das uns beide gegeneinander aufwiegeln wollte (mich vorgesehen hatte, ihn zu töten, und ihn, getötet zu werden), ist nicht in der Lage, das zu tun, was ich gemacht habe: zu vergeben. Ich habe Jamie geliebt, Jamal. Sie war mein ein und alles. Aber es würde mir meine Tochter nicht zurückbringen, wenn ich diesen Jungen umgebracht hätte. Und da ist noch was, Jamal...«
»Was denn, Hank?«
»Meinem *schlimmsten* Feind würde ich das hier nicht wünschen – den Todestrakt...«

Dialog

Allein in unserem Land befinden sich über eine Million Männer und Frauen – die Jugendlichen nicht mitgezählt – im Gefängnis. Es gibt schätzungsweise drei Millionen Obdachlose. Die Armut ist weit verbreitet und die Angst geht um im Land. Die Leute suchen nach Sicherheit in der Liebe, gleichzeitig sind sie aber isoliert, entfremdet – sogar von sich selbst. Isolation und Entfremdung sind Barrieren, sind Kräfte, die Spaltung erzeugen. Diese Barrieren können niedergerissen werden – durch den Dialog.
Sogar in einer freien Demokratie versucht der Staat immer, den Dialog zu kontrollieren und die Grenzen des erlaubten Dialogs nach den eigenen Interessen festzulegen. Um gehört zu werden, muß man über Reichtum, Macht, Einfluß und Beziehungen verfügen. Mit den Medien ist es dasselbe. Sie zitieren immer dieselben »Experten«. Wo aber sind die Stimmen der Armen, der Ausgeschlossenen, der Machtlosen? Fehlen diese Stimmen, dann fehlt die Anerkennung ihres Wertes, und dann kann es keinen wirklichen Dialog und deshalb auch keine wirkliche Demokratie geben.

Medien und Objektivität

Objektivität im Journalismus ist eine Illusion, ein hohler Begriff, und dennoch glauben die Medienmacher an ihre Existenz. Vom ersten Tag in der Journalistenschule an sind sie derart mit dieser Lüge vergiftet worden, daß sie am Ende nicht nur selber daran glauben, sondern sie zur Grundlage ihres Berufsstandes machen. Die Objektivität ist immer schon ein hohes Ideal gewesen, aber in Wirklichkeit ist sie ein Irrglaube. Und die Medienmacher rechtfertigen damit letztendlich ihr ganzes Tun.

Wenn man sich heutzutage die Nachrichten ansieht – ich spreche jetzt über die Nachrichtensendungen der überregionalen Sendeanstalten – dann stellt man erstaunt fest, daß das, was sonst die lokalen Meldungen waren, jetzt überregionale Bedeutung bekommen hat, sofern es überhaupt noch Beachtung findet. Berichte über lokale Kriminalität werden nicht deshalb zu überregionalen Nachrichten, weil sie von außerordentlicher Bedeutung sind, sondern weil das der Stoff ist, der sich gut verkaufen läßt. Deshalb werden vor allem die fürchterlichsten Vorfälle behandelt, nach dem alten Motto: »Blut kommt gut.«[35] Man bringt nicht die Meldungen, die zum intelligenten Nachdenken anregen, keine Beiträge, die die Leute dazu bringen könnten, über die Inhalte zu sprechen oder sogar Fragen zu stellen über die grundsätzlichen Zusammenhänge zwischen Macht, Vetternwirtschaft und gesellschaftlichem Status in diesem Land. Die Macher sind mehr an Sensationen interessiert.

Es ist fast schon so, als wäre die durchschnittliche Nachrichtensendung darauf reduziert worden, in Hard Copy[36] oder eine entsprechende Sendung zu passen. Das Endprodukt ist Müll, der sorgfältig durchdacht ist, um deine Gefühle und deine Sinne anzusprechen. Du sollst dazu gebracht werden, reflexartig hinzusehen (aber nicht darüber nachzudenken). Solche Sendungen sollen dich nicht provozieren oder ermutigen, das Grundsätzliche zu hinterfragen. Die eigentlich wichtigen Themen hinter einer Meldung werden meistens ignoriert. Sie werden nicht einmal als wichtig genug angesehen, sie überhaupt zu erwähnen. Aus diesem Grund teilen viele Leute MOVEs »f.t.p.«-Haltung gegenüber den Medien: Fuck the press! Das sind meist Gruppen, die genauso mißverstanden und falsch interpretiert werden wie MOVE.

In den Siebzigern fingen die Leute an zu begreifen, daß die Medien mit dem Big Business unter einer Decke stecken. Heute *sind* die Medien das Big Business. Die großen Medienkonzerne werden nicht nur davon kontrolliert, sie sind Teil davon geworden. Viele sind im Besitz der großen multinationalen Konzerne. Und wer denkt, daß die nicht kontrollieren, was gesendet wird, der mache sich auf eine Überraschung gefaßt. Wer die Gehaltslisten kontrolliert, der bestimmt auch darüber, was gesagt wird und was nicht. Als Rizzo[37] noch Bürgermeister war, da nahm er die Medien in Philadelphia immer in die Pflicht und beschuldigte sie, die Ereignisse hochzuputschen mit ihrem parteiergreifenden Journalismus. So geschehen vor allem während der Polizeikonfrontation mit MOVE 1978. Es mangele ihnen an Objektivität, beschwerte er sich. Nun, in einem Punkt hatte Rizzo recht, denn, wie ich vorher schon ausgeführt habe, existiert gar keine journalistische »Objektivität«. Wer ist objektiv? Aber was den Vorwurf des Parteiergreifens angeht, so weiß ich nicht, wessen Partei sie ergriffen haben sollen. Sicher nicht die von MOVE.

Weder der brutale Polizeiangriff auf das MOVE-Grundstück im August 1978 noch der Bombenabwurf auf das neue Haus im Mai 1985, bei dem elf MOVE-Mitglieder getötet wurden und viele Häuser der Nachbarschaft zerstört wurden, hätten je so stattfinden können ohne die Medien. Es war in ihrem Interesse, daß die Situation angeheizt wurde, in der es zu Haß und zu einem Blutbad kam, und daß dieses Feuer noch geschürt wurde. Die Medien lieferten die Argumente, mit denen man sich von MOVE distanzieren konnte, und die Informationen, die sie ausstreuten, wurden zum Katalysator für die finale Feuersbrunst. Danach bestand der nächste Schritt darin, die ganze Sache reinzuwaschen, damit die »Untersuchungs«-Kommission ihr Gesicht wahren konnte. Das beängstigende Moment an dieser Sache ist, daß die Verstrickung der Presse in das MOVE-Debakel in keiner Weise einmalig war. Sie war wegweisend für die Gegenwart, die Zukunft und für viele denkbare Anlässe und Orte, nicht nur im rassistischen Philadelphia. Wir dürfen nicht vergessen, daß vor allem zwei Dinge immer die Perspektive der Medien bestimmen: Geld und Macht. Und hinter der daraus resultierenden »Blindheit« steckt deshalb oftmals ein Vorsatz. Ich erinnere mich an den Herbst 1995, als ich wegen meiner Anhörung für das Wiederaufnahmeverfahren unten in Philadelphia war. Als ich wieder zurück in den Knast transportiert wurde, hatte der Sheriff sein Radio an. Der Nachrichtensprecher meldete gerade, daß ABC[38] von der Disney Corporation gekauft worden war. Ich mußte lachen. Ich saß hinten im Van und konnte gar nicht mehr aufhören mit Lachen, weil ich mir vorstellte, daß es nun nicht mehr lange dauern würde, bis Micky Maus und Donald Duck in den Abendnachrichten auftauchen würden.

Bei gründlicher Betrachtung gibt es natürlich überhaupt keinen Anlaß zu lachen. Wenn sich die Macht der Presse im Einklang mit dem heute amtierenden politischen Apparat entfaltet – ich spreche vom Rechtsruck in der amerikanischen Politik – dann haben wir es mit einer ganz gefährlichen und schlimmen Mischung zu tun. Das mag paranoid klingen, aber das sind die Fakten.
Erst kürzlich hat es eine beträchtliche Kontroverse darüber gegeben, daß Flugzeuge über Kuba abgeschossen worden waren. Die alternative Presse stellte einige interessante Fragen, aber was tun die bürgerlichen Medien? Im Zusammenhang mit diesem Vorfall gibt es eine Geschichte, die von der Regierung und der Presse zurückgehalten wird. Als Kuba noch das Bordell der Karibik war, als es ein sicherer Hafen für die Mafia war, da redete niemand darüber, daß man in Kuba einmarschieren und die Regierung auswechseln müsse. Erst dann, als eine von der kubanischen Bevölkerung geschaffene eigene Regierung an die Macht kam und sagte, daß man nun nicht länger das Bordell sein wolle – »Wir sind ein unabhängiges souveränes Land, und wir werden genau die Regierung haben, die wir haben wollen, und nicht die, die ihr wollt« – begann unsere Regierung ein Komplott zur Ermordung von Präsident Castro und zur Zerstörung Kubas durch eine ökonomische Blockade, die sich wegen internationaler Abkommen zu einem kriegerischen Konflikt zuspitzte. Standen unsere Regierung und unsere Presse mit ihrem Handeln etwa auf der richtigen Seite der Geschichte? Traten sie etwa für fundamentale Gerechtigkeit ein?
Kuba ist nur eines von vielen Beispielen. Ganz grunds-

ätzlich hat sich die Regierung der Vereinigten Staaten zum Zwecke ökonomischer Profite, zur Wahrung politischer Eigeninteressen und zum Schutz des Status quo über Jahrzehnte mit einigen der größten Finsterlinge in der Geschichte zusammengetan. Und sie setzt dieses Handeln fort, auch in der Innenpolitik. Das ist der Grund, warum so jemand wie David Duke[39] für den Gouverneursposten kandidieren kann und so jemand wie Pat Buchanan sich zum Präsidenten wählen lassen möchte (er hat Mitglieder des Klan in seinem Stab). Deshalb reden jetzt alle von den »welfare queens«[40] und daß die Armen »härter rangenommen« werden müssen. Deshalb basieren die erfolgversprechendsten politischen Programme dieses Jahrzehnts auf dem Versprechen, »härter gegen die Kriminalität« vorzugehen. Die Linie dieser Propaganda sieht so aus, daß es in Ordnung ist, die Armen zu verachten, weil es denen sowieso »zu gut« ginge. Nebenbei bemerkt sollen es auch die Armen sein, die Minderheiten, die einen Anstieg der Gewaltverbrechen verursachen. »Was wir brauchen, sind mehr Hinrichtungen. Was wir tun müssen, ist damit anzufangen, diesen Leuten die Rübe runterzuschlagen...«

Der politische Diskurs in unserem Land hat eine lebensfeindliche Ebene erreicht. Und die Presse ist daran nicht unschuldig.

Gewalt

Gewalt verletzt das Ich.
Dennoch ist es genau das, woran das System glaubt, was das System predigt, was das System hervorbringt: Gewalt.
Ich bin sicherlich von der Notwendigkeit überzeugt, daß das System bekämpft werden muß, aber ich werde nicht dieselben Taktiken und Methoden anwenden, derer sich das System Tag für Tag bedient. Warum sollten wir das System gegen etwas eintauschen, das keinen Deut besser ist?
Wir brauchen ein neues System, und zwar eins, in dem alle Menschen frei sind von jeglicher Gewalt des Systems. Ich sehne den Tag herbei, an dem es keine Bomben, keine Gewehre – überhaupt keine Waffen – keinen Krieg, keine Armut oder andere Ungerechtigkeiten, keinen sozialen oder Klassenhaß, keine Kriminalität und keine Gefängnisse mehr gibt.
Ich lehne die Mittel und Waffen der Gewalt ab.

Gespräche in Phase II

Dann sprach Almira: Wir möchten nun nach dem
Tod fragen.
Und er sagte:
Ihr möchtet das Geheimnis des Todes kennenlernen.
Aber wie werdet ihr es finden, wenn ihr es nicht im
Herzen des Lebens sucht?
Die Eule, deren Nachtaugen am Tag blind sind, kann
das Mysterium des Lichts nicht entschleiern.
Wenn ihr wirklich den Geist des Todes schauen
wollt, öffnet eure Herzen weit dem Körper des Lebens.
Denn Leben und Tod sind eins, so wie der Fluß und
das Meer eins sind.[41]
Khalil Gibran, Der Prophet

Auf der Schwelle des Todes sind Menschen fähig, Dinge zu sehen, die sie vorher wahrscheinlich nie wahrgenommen hätten. Das betrifft Dinge, von denen sie umgeben sind, aber mehr noch die Menschen, die ihr Schicksal teilen.
Gefangene in Phase II des Todestrakts, also jene, deren Hinrichtungsbefehl unterzeichnet ist und deren Hinrichtungstermin feststeht, leben jeden Tag mit einer Klarheit und gesteigerten Wahrnehmung, die ihnen in Zeiten mit weniger Drangsal fehlten. Im staatlichen »Kühlschrank«, also der Phase II, die mittels einer durchsichtigen Plastikwand streng vom Todestrakt getrennt ist, sind die sechs Zellen gegenüber dem Rest des Blocks akustisch abgeschirmt.
Die Männer in der »Faze« verbringen ihre kostbaren Stunden damit, daß sie das tun, was ihnen am wichtigsten ist, und

das heißt für viele, miteinander zu reden und voneinander zu lernen, über ihre Höhen und Tiefen und die Einmaligkeit ihrer menschlichen Existenz.
Es ist Mitternacht, das Ende eines langen, feucht-heißen Julitages, aber trotzdem werden die ernsten Gespräche von Zelle zu Zelle fortgesetzt.
»Hast du dir je Gedanken über den Weltraum gemacht?«
»Klar, Mensch!«
»Wirklich?«
»Ja, Mann, schon lange.«
»Kein Scheiß? Worüber haste nachgedacht?«
»Alles mögliche – wie zum Beispiel die Leere des Raums, schwarze Löcher, wie unmöglich 'ne Menge von dem Zeugs is, das sie in Science-Fiction-Filmen zeigen. Über das Zeit-Raum-Gefüge...'ne Menge Zeugs, Scott.«
»Hmm. Eh, erzähl' mir was von dem Zeugs, über das du nachdenkst, Mu. Spuck' mal aus, was du meinst.«
»Okay, du weißt doch aus all den Filmen über Sternenkriege und so Geschichten nach Art des Star Trek, daß dann, wenn so'n Raumschiff getroffen wird, dann hörst du diese Explosionen mit lautem Kawumm und dann siehst du Feuerbälle und so'n Scheiß, ja?«
»Hmm, ja.«
»Nun, das ist unmöglich.«
»Wieso denn das?«
»Weil, also sieh mal – im Weltraum gibt's ein Vakuum – da ist kein Sauerstoff – wie also kann der Schall sich über Distanzen fortpflanzen? Gäbe es wirklich eine Explosion, dann würde sie geräuschlos verlaufen.«
»Okay, und was noch?«
»Also du weißt doch, wie die Typen in den Filmen über die Lichtgeschwindigkeit reden, über 'Warp Factor Sieben'

und all das?«
»Hmm, ja.«
»Sieh mal, Scott. Das kleinste subatomare Partikel im Licht ist das Photon, das bewegt sich mit Lichtgeschwindigkeit fort, und es kann sich so schnell fortbewegen, weil es keine Masse besitzt. Gibst du Masse dazu, ein Raumschiff, Ausrüstung, menschliche Körper, dann verlangsamst du dadurch alles. Darum ist all das Gerede von 'Warp Sieben' und 'schneller als die Lichtgeschwindigkeit' pure Phantasie.«
»Verdammt, Mu – woher weißte den ganzen Scheiß?«
»Ich lese. Wissenschaftliche Bücher. Einstein. Stephen Hawking. Science Fiction. Asimov, Herbert, Bisson – von all den Typen.«
»Erzähl kein Scheiß, Mu! Aber gut, was sagst du dazu: Wer oder was ist Gott? He, glaubst du überhaupt an Gott?«
»Absolut.«
»Und...?«
»Jeder schafft sich auf der Basis seines eigenen Verständnisses seine eigenen Götter. Jede Person der Schöpfung macht sich eigene Vorstellungen von Gott. Sind sie deshalb alle falsch? Ja und nein. Jeder betet etwas an. Sie mögen ihm nicht den Namen 'Gott' geben, aber wofür sie ihre Zeit, ihren Verstand und ihr Bewußtsein einsetzen – das ist ihr Gott. Das kann Geld sein oder Drogen und Sex. Die Kommunisten in Rußland würden es nicht mit diesen Worten ausdrücken, aber Marx und Lenin waren Götter für sie, obwohl sie angaben, mit Religion nichts mehr am Hut zu haben.
Gott ist die göttliche Intelligenz. Gott ist das Leben. Gott ist die Kraft, die diese Schöpfung am Leben hält.«
»Aber wer ist Gott? Wie ist sein Name?«
»Wieso 'sein'?«

»Was meinst du, Mann?«
»Ich meine – also sieh mal: Es gibt hunderte Namen für Gott, stimmt's?«
»Ja.«
»Die Menschen haben Gott diese Namen gegeben, auf der Basis ihrer Kultur, Geschichte und ihrer eigenen Empfindungen. Weshalb glaubst du denn, daß 'Gott' ein Geschlecht hat – ein Gott, der beide Geschlechter erschaffen hat?«
»Willst du sagen, daß Gott weiblich ist?«
»Nee, Mann, ich sage überhaupt nicht, daß Gott eine Frau ist; ich sage, daß Gott etwas anderes ist als Mann oder Frau, er steht über den Geschlechtern, und ist deshalb sowohl Mutter – wenn nicht sogar überwiegend – als auch Vater. Also ich meine, bezüglich der Funktion. Versuch's mal so zu seh'n: In allen Kulturen, fast in der ganzen Natur, ist die Mutter diejenige, die sich wirklich um die Kinder kümmert, die sie ernährt, wäscht, liebkost – weißte? – all ihre Kinder. Denk an Mutter Erde: alles, was wir wissen, was wir sehen, was wir essen und anziehen, kommt von Mutter Erde. Der Mensch mag Dinge neu kombinieren und zusammensetzen, aber er schafft nichts wirklich neu. Mama – 'Gott' – hat alles, was existiert, erschaffen. Betrachte es mal so, Scott...«
»Ich versteh dich, Mu...«
»Von all den Planeten des ganzen Sonnensystems – warum ist gerade die Erde genau richtig für uns? Mars oder Venus? Zu heiß. Jupiter? Zu viel Gas. Pluto? Zu kalt. Unsere Erde ist genau richtig! Das ist kein Zufall, Mann.«
»He, Mann, ich wollte dich eigentlich nur mal abchecken. Ich hab schon oft genau über dieselben Sachen nachgedacht. Ich wußte nicht, daß dich das auch inter-

essiert, Mann – ich hatte ja keine Ahnung!«
»Warum nicht?«
»Na ja, ich wußte ja, daß du's mit der Natur hast – aber so'ne Sachen?«
»He, ist Gott nicht 'natürlich'? Oder die Erde? Gehören wir nicht alle zur Schöpfung – alles, was existiert?«
»Ja, ich weiß, Mann – aber...he, ich bin überrascht!«
»Also, um ganz ehrlich zu ein, ich bin auch überrascht!«
»Ja, also nimm's mir nicht übel, aber...«
»Tu ich schon nicht, aber warum...?«
»Na, ich hab gedacht, daß du echt 'n bißchen durchgedreht bist!« Scott prustet los vor Lachen...
»Ich mein's ernst, Mann.«
Scott lacht weiter.
»Sieh mal, unten in Huntingdon[42] haben mir Typen erzählt, daß du so'n Konspi-Typ[43] bist, der dauernd über Spitzel und so'n Scheiß redet, echt verrücktes Zeugs. Als du mir von Akten erzählt hast, die die Regierung über dich angelegt hat, hab ich über meine eigenen Erfahrungen nachgedacht. Weißte, die Behörden haben mich jahrelang verwanzt[44], als ich noch'n Teenager war...«
»Ja, echt?«
»Ja – und wenn ich anderen Typen davon erzählt hab, dann haben sie denselben Kram über mich geflüstert – 'der Nigga is durchgedreht, der is irgendwie so konspimäßig drauf...' Du kennst das Gequatsche.«
»Ja, kenn ich.«
»Die haben eben keine Ahnung, solange sie das nicht selbst erlebt haben.«
»Genau! – aber laß uns jetzt wieder über Schwarze Löcher reden. Interessiert dich das?«
»Ja, ich hab ein paar Sachen drüber gelesen...«

»Glaubst du, daß ein Mensch da drin überleben könnte?«
»Nee.«
»Warum nicht?«
»Also...«
Die Männer reden weiter, Stunde um Stunde, bis spät in die Nacht und den frühen Morgen. Tage, vielleicht nur Stunden entfernt von einer Begegnung mit dem Tod, beginnen sie endlich, sich wirklich zu sehen.
Sie sehen die Wunder des Lebens, das Wunder, das jeder von ihnen ist.

Meditationen über das Kreuz

von Rufus, einem Sklaven

Herr, oh Herr, ich schaue dich an und sehe
einen Mann am Kreuz, der nicht aussieht wie ich.
Ich frage mich, ob du wirklich
der Gott der Ewigkeit sein kannst –
Schöpfer der Erde, des Windes, der Meere,
Schöpfer sogar des mickrigen ollen Schwarzen, der
ich bin?

Herr, oh Herr, ich schaue das Kreuz an und bete –
Hörst du meine Worte?
Siehst du, was ich tue?
Dinge, die Leute tun,
die aussehen wie du?
Kannst du die Ketten von meinen Füßen nehmen?
Kannst du's so machen, daß ich nicht wieder Prügel
kriege?
Kannst du meine Frau,
meinen Sohn, meine Tochter zu mir zurückbringen?
Kannst du der Sklaverei ein Ende machen?
Herr, oh Herr – kannst du uns wirklich befrein?

Mir geht durch den Kopf, warum frag
ich dich das alles überhaupt?
Was ich sagen will, ist –
was kannst du schon tun?
Deine Hände sind hier an das Kreuz genagelt –
Wie könntest du je der Big Boss sein?

Festgenagelt sind auch deine Füße –
du kannst also noch nicht mal einfach gehn!
Und auf deinem Kopf die Dornenkrone,
Wird sie verhindern, daß neue Gedanken
geboren werden?

Herr, ich will nicht allzu schlau klingen,
aber diese Dinge liegen mir am Herzen;
Das letzte Mal, daß ich an dich dachte,
das war, als sie meinen Daddy Lou lynchten –
Sie fesselten seine Hände und banden seine Füße,
sie peitschten ihn, schlitzten ihn auf wie ein Stück
Fleisch,
zerschnitten ihn, brannten ihn, und kurz bevor sie
ihn sterben ließen,
knüpften sie ihn an einen Baum und ließen ihn hoch
oben baumeln.

Wie konnte dein Volk nur so etwas tun, oh Herr?
Wie konntest du sie mit der Macht des Schwertes
ausstatten?
Wie konntest du es zulassen, daß sie meinen Daddy
an einen Baum hingen,
wenn es doch genau das ist, was sie auch mit dir
gemacht haben?

Wie konntest du nur zulassen, daß sie uns als Sklaven
herbrachten,
über viele Meilen aufgewühlter Ozeanwellen?
Wie konntest du das nur tun, Jesus,
Warst du nicht der König der Juden –
Waren sie nicht selbst gebrochen und geschlagen,

zerschmettert und mißbraucht?
Herr, oh Herr, ich versuche nicht,
mich aufzuspielen,
Ich versuche nur zu verstehen.

Und wenn du nicht mit mir sprechen willst,
kannst du mich nicht wenigstens verstehen lassen?

Die alten Priester erzählen, du seist für die Armen
gestorben.
Bedeutet das, daß wir nie mehr arm sein werden?
Ich versuche nicht, euch oben im Himmel zu sagen,
wie der Laden zu laufen hat.
Ich will nur Freiheit, meine Familie und etwas Liebe.
Man sagt, dein Leben
war Beispiel für Nächstenliebe.
Aber ich frage mich, wenn das wirklich so ist,
warum werde ich dann so gehaßt?

Nun, oh Herr, ich glaube, ich muß jetzt gehn,
Es ist nur so, daß ich gern besser Bescheid wüßte.
Denk dir einfach, das wäre ein persönlicher Brief,
in dem ich frage, wie alles besser werden könnte –
Zum Schluß, oh Herr, möchte ich dir sagen, daß ich
dich liebe,
weil du durch dieselbe Hölle gegangen bist,
in der wir immer noch sind.

Gedanken über einen Feiertag

Jedes Jahr zur Winterszeit wird das große Fest gefeiert, mit dem im Westen angeblich der Geburt des Jesus von Nazareth vor etwa zweitausend Jahren gedacht wird. Für viele ist es eine Zeit großer Heuchelei. Für die vielen Millionen, die in Armut versinken, ist es eine Zeit bitterer Kälte, eine Zeit ohne Erleichterung von den vielen Stunden, die sie zusammengekauert in windgepeitschten Gassen verbracht haben. Es ist, wie man sagt, »die Zeit der Freude«, aber für viel zu viele ist es eine Zeit der Not, die Stunde schmerzvoller Einsamkeit.

Die gesichtslosen Millionen singen von Trost und barmherziger Nächstenliebe, aber hier, mitten unter den Hoffnungslosen und den lebenden Toten, unter denen, die eure Gefängnisse und eure Todesverliese bevölkern, kann ich weder Trost noch barmherzige Nächstenliebe finden. Ich sehe vielmehr Unaufrichtigkeit, geschmacklosen Prunk und leeren Glanz. Das einzige, was nicht leer ist, sind die Kassen der Kaufleute, weil die meisten Menschen Weihnachten nicht in Erinnerung an Christus feiern, sondern um ihre Schatzkammern zu füllen. Wer erinnert sich schon daran, daß die Choräle gesungen werden, um einen Gefangenen zu preisen, ja sogar einen Gefangenen im Todestrakt, der gekreuzigt werden sollte?
Was bedeuten Trost und barmherzige Nächstenliebe für die, die mit moderneren Hinrichtungsmethoden konfrontiert sind?

Der weise John Africa

»Ihr Richter stellt Gottes Recht auf Selbstverteidigung mit eurer Methode der legalen Zerstörung auf den Kopf, weil ihr selber nicht mehr wißt, was das Recht bedeutet, wozu die Verteidigung da ist, wozu die wahre Freiheit existiert und wozu Gottes Gesetz. Die Verteidigung eines Menschen ist eine von Gott gegebene Macht, in die nicht hineingepfuscht werden darf. Das ist Gottes Gesetz.«
John Africa, The Judges' Letter

John Africa, selber ohne Schul- und Berufsausbildung und wenig interessiert an gesellschaftlichen Konventionen, hatte eine große Zahl von Leuten dazu bewegt, sich in einem kleinen Raum in West Philadelphia zu versammeln. Männer und Frauen, die eines gemeinsam hatten: Suche nach Befriedigung ihrer Bedürfnisse. Diese Bedürfnisse waren so verschieden wie ihre Persönlichkeiten. Einige suchten nach etwas Erholung von den sozialen Stürmen, die in den späten Sechzigern überall in den USA wüteten. Andere suchten nach Antworten auf die großen Fragen, die ihr Hirn plagten. Andere suchten nach Heilung für ihre der Natur entfremdeten, geschwächten Körper. Wieder andere suchten nach der Geborgenheit einer Familie als Alternative zu ihrer zerrütteten Kleinfamilie. Sie alle suchten gewissermaßen die Quelle größter Illusionen – die Wahrheit.
Die gekommen waren, machten die Erfahrung, daß ihre verschiedenen Bedürfnisse angesprochen, beantwortet und auf die eine oder andere Art von diesem bemerkenswerten Mann befriedigt wurden. Denn John Africa war ein mit

Weisheit, enormer Geduld und starken Leidenschaften gesegneter Mensch. Er tat, was Heiler tun: er heilte. Er tat, was Lehrer tun: er lehrte. Er tat, was Zimmerleute tun: er baute. Ohne Nägel oder Bauholz konstruierte er aus der Struktur des Herzens einen straff zusammenhaltenden Körper von Brüdern und Schwestern mit dem Namen MOVE[45]

Diese Männer und Frauen waren so unglaublich kühn und so furchtlos, daß sie fast leichtsinnig schienen, sie waren von der Inbrunst eines neuen, rebellischen Glaubens entflammt und verbreiteten die revolutionären Lehren John Africas in nah und fern. Ihre Lebensweise in diesem Land der Unfreiheit und in einer Stadt, deren Vergangenheit stark durch eine Tradition des freien Denkens geprägt ist, deren Gegenwart aber auf den Säulen der Unterdrückung ruht, führte fast zwangsläufig dazu, daß sie zu Staatsfeinden gestempelt wurden. Weil sie für die Freiheit kämpften, war vorhersehbar, daß ihr Weg sie direkt in das Auge des Sturmes führen würde.

Nichts konnte sie aufhalten, wenn sie der Staatsmacht entgegentraten und gegen sie kämpften: weder Knochenbrüche noch Polizeikugeln, weder Gefängniszellen noch Bomben. Nicht einmal der Tod, was bewiesen ist durch den Holocaust am 13. Mai 1985, als Polizisten aus Philadelphia zusammen mit Beamten der Bundesregierung elf Männer, Frauen und Kinder von MOVE massakrierten. Trotz dieses vorsätzlichen Massenmordes ist die MOVE-Organisation immer noch quicklebendig, verbreitet ihre Lehren und setzt fort, was John Africa, der Zimmermann, begründet hat: sie bauen MOVE weiter auf.

Bomben konnten sie nicht aufhalten. Neunhundert Jahre Knast konnten sie nicht aufhalten.[46] Wiederholte, von der

Polizei gedeckte terroristische Angriffe konnten sie nicht einschüchtern. Angesichts dieser bemerkenswerten Unverwüstlichkeit drängt sich die Frage auf: »Wie kommt das?« Wer hat diese aus so verschiedenen Menschen bestehende Gruppe vereint? Was hat diese einfachen Leute zu Heldentaten inspiriert, die von solch außergewöhnlichem Engagement geprägt sind – angesichts der repressivsten staatlichen Angriffe, die sie zu gewärtigen haben? Die Antwort fällt leicht: »John Africa.« Hören wir seine eigenen Worte: »Es ist höchste Zeit, daß sich die Armen selbst davon befreien, daß ihnen diese Gesellschaft die Luft zum Atmen nimmt. Erkennt, daß die Gesellschaft euch vernachlässigt hat. Wenn ihr *jetzt* ignoriert, daß euch das System in die Irre führt, dann bedeutet das, später auf den notwendigen Protest gegen die Vernachlässigung zu verzichten. Das System hat euch gestern vernachlässigt, vernachlässigt euch heute und hat die Bedingungen geschaffen, euch auch morgen noch zu vernachlässigen.«
Die tapferen und bewundernswerten Männer und Frauen von MOVE haben diese Worte in die Tat umgesetzt. Sie haben es verstanden, sie mit Stärke, Weisheit und erschütternder Wahrheit zu füllen.

Ohne Titel

Welche Macht lenkt die Sterne oben am Himmel,
wer läßt sie entstehen,
wer füllt die Meere,
wer rührt im Kelch der Ewigkeit?
Wer anders kann diese Macht sein als die Liebe?

Warum sich streiten über einen Namen?
Wer kann schon dieses tödliche Spiel gewinnen?
Warum sich streiten über Religion,
wenn wir am Rand der Verdammnis stehen?

Wer läßt die Würfel fallen?
Wer läßt das Reiskorn wachsen?
Wer macht aus einem Menschen zwei?
Wer schuf Erde und Wasser, Feuer und Eis?

Wer pflanzt die Samen der Blume des Lebens,
kreiert und schnitzt mit einem lebenden Messer,
bringt Einheit durch die Vereinigung von Mann und Frau
inmitten von menschlichem Aufruhr, Haß und Zwist?
Wer anders kann diese Macht sein als die Liebe?

Kein Krieg gegen die Armut, sondern Krieg gegen die Armen

»Die Entwicklung der amerikanischen Gesellschaft erzeugt eine neue Art der Blindheit gegenüber der Armut. Die Armen entgleiten zunehmend der Erfahrung und dem Bewußtsein der Nation.«
Michael Harrington, The Other America

Mit einem Schachzug, der ebenso entmutigend wie malthusianisch[47] war, unterzeichnete Präsident Bill »Bubba« Clinton ein Gesetz zur sogenannten »Reform« (sprich: Vernichtung) der Sozialhilfe, das weder Reagan noch Bush erfolgreich durchgebracht hätten, auch nicht in ihren besten Zeiten.
Indem er seinen Namen unter diese legislative Obszönität gesetzt hat, hat dieser »Mann der Hoffnung« mit einer Handbewegung die Hoffnungen von Millionen Armen zerschlagen. Und das alles, um seinen politischen Arsch ins Trockene zu bringen.
»Arm« zu sein ist in dieser Ära des triumphierenden Kapitalismus zu einem Synonym für »wertlos« geworden, was für Präsident Clinton eher wie eine Ironie klingen müßte, denn er hat seine eigene Herkunft aus armen Verhältnissen in Arkansas an die große Glocke gehängt, um seine Vita sodann sorgfältig umzugestalten und sich als eine Art New Age Lincoln zu präsentieren.
Getarnt durch das Versprechen, den »Armen zu helfen«, und gestärkt durch den Bruderbund mit der Republikanischen

Partei, haben die Demokraten Männer, Frauen und Kinder, die in Armut leben, für ihre politischen Ambitionen geopfert.

In Frazers klassischem Werk The Golden Bough (1890) hat der schottische Anthropologe und Klassizist auf Seite 236 eine altertümliche Opferung beschrieben:

»Als die Cartagener von Agathokles belagert und besiegt waren, führten sie ihr Unheil auf den Zorn des Gottes Baal zurück. Denn während es in früheren Zeiten Brauch gewesen war, ihm die eigenen Kinder zu opfern, war es ihnen schon zur Gewohnheit geworden, Kinder zu kaufen und sie nur zu dem Zwecke großzuziehen, sie später zu opfern. Um also den zornigen Gott zu besänftigen, wurden zweihundert Kinder der vornehmsten Familien für die Opferung ausgesucht. (...) Sie wurden geopfert, indem ein Kind nach dem anderen auf den nach unten geneigten Händen des bronzenen Götzenbildes plaziert wurde, von wo aus es in eine Feuergrube rollte.«

Dazu kann ich nur sagen: Das war ein edleres Opfer als die heutigen! Denn die Opferungen in der Antike geschahen in dem (wenn auch irrtümlichen) Glauben, daß diese Handlung angesichts eines rachsüchtigen Gottes wenigstens Schlimmeres verhüten würde.

Warum aber werden heutzutage die Armen geopfert? Wegen eines bloßen Mißverständnisses? Um einen nationalen Haushalt auszubalancieren? Wohl kaum. Weniger als zwei Prozent des US-Haushalts werden für die Sozialhilfe gebraucht. Deshalb ist es nicht sehr wahrscheinlich, daß er unter dieser Last zusammenbricht. Warum dann?

Immer wenn in der Vergangenheit Berichte über höhere Beschäftigungszahlen an die Öffentlichkeit kamen, geriet Wall Street in einen panikartigen Erdrutsch. Was für die meisten unter uns eine gute Nachricht war, verursachte auf den Finanzmärkten besorgte Gesichter. Diese Märkte, die Machtzentren des Kapitals, diktieren die Aktivitäten von Politikern, einschließlich der Abschaffung sozialer Netze, wie z.B. der Sozialhilfe.

Angesichts einiger Millionen Hungernder verfallen die Arbeiter in schweigende Ergebenheit, aus Angst, das bißchen, was sie haben, auch noch zu verlieren. Diese Angst erzeugt eine eingeschüchterte Arbeiterschaft, die, wenn sie mit Einbußen konfrontiert ist, nicht einmal aufheult. Wenn die Armut größer wird, ist das ein Hinweis auf einen Siegeszug des Kapitalismus.

Vom Werden

Vor kurzem wurde ich gebeten, einen Beitrag für eine Jugendkonferenz zu schreiben. Er sollte auf dem Eröffnungsplenum oder bei einer entsprechenden Gelegenheit verlesen werden. Als ich darüber nachdachte, kam mir die folgende Frage in den Sinn: Was ist der Unterschied zwischen einer Eiche und einer Eichel? Das ging mir durch den Kopf, während ich an euch dachte – junge Leute, die aus verschiedenen Richtungen des Lebens kommen, sich auf der Suche befinden nach Authentizität, nach Ganzheitlichkeit und nach etwas, das es wert ist, ihm eure Zeit und Aufmerksamkeit zu schenken.
Auf den ersten Blick erscheinen die Unterschiede zwischen der mächtigen Eiche und der winzigen, grünen Eichel beträchtlich. Aber bei näherem Hinsehen stellt man fest, daß der einzige wirkliche Unterschied zwischen den beiden ein zeitlicher ist. Ihr seid lebende Eicheln im Wald des Lebens, mit allen Potentialen, all den Kräften der größten Eiche, die je gewachsen ist. Ihr befindet euch bei eurem Suchen im Prozeß des Werdens.

Zumindest in meiner Erinnerung ist die Jugendzeit eine äußerst schwierige Zeit. Es ist eine Zeit der Emotionen, des Hin- und Hergeworfenseins, des Herumquälens mit Fragen, die einem an die Lebenssubstanz gehen, und oftmals auch mit den unbefriedigenden Antworten, die man darauf erhält.
Aber dies ist eure Zeit, die Zeit, in der ihr eure eigene reiche, fruchtbare Erde erforschen, umgraben und pflügen könnt. Dort werdet ihr alle Antworten finden, die es wert

sind, sich mit ihnen zu befassen. Ihr befindet euch an der Stelle eurer Zeit, wo ihr eine der bedeutendsten Wahrheiten erfahrt: daß wir älteren Leute manchmal einfach keine Antworten haben.
Ich bitte euch deshalb dringend, weiterzugraben, bis ihr den Schatz der Wahrheit in jedem von euch freigelegt habt, und dann, wenn ihr ihn erst mal gehoben habt, zum Leben erweckt. Das ist keine leichte Aufgabe, aber es ist notwendig, sie zu erfüllen. Denn ihr seid es, die die Wälder der Zukunft aufforsten müssen.

Etwas anderes kommt mir noch in den Sinn: Ihr jungen Erwachsenen solltet erkennen, daß, egal wie ihr es seht, ihr nie wieder so frei sein werdet wie jetzt, in dieser Phase eures Lebens. Heiraten, zum Beispiel, erlegt euch Pflichten auf, und dasselbe geschieht, wenn ihr euren beruflichen Werdegang verfolgt. Wenn ihr also die Möglichkeit habt zu studieren, umherzuwandern in den Spektren eures Verstandes, dann nutzt diese Gelegenheit. Ihr habt jetzt einen Grad der Freiheit erreicht, den ihr möglicherweise für Jahrzehnte nicht mehr erfahren werdet. Füttert euren Geist nicht nur mit Informationen, sondern mit dem Wissen, das euer tieferes, inneres Ich nährt. Stellt Fragen über das, was ihr seht, hört oder lest. Stellt diese Fragen auch euch selbst.
Ich sage es noch einmal, dies ist die Phase der Freiheit in eurem Leben. Unterschätzt nicht ihren Wert und Reichtum. Jetzt ist die Zeit, in der ihr am besten handeln könnt, um die Welt zu verändern. Und die Welt *kann* verändert werden, auch wenn die Veränderung erst mal nur in euren Köpfen und sinnlichen Wahrnehmungen stattfindet.

FOLGERS

Aufruf zum Handeln

Wie immer, so ist es auch diesmal an euch,
eine Entscheidung zu treffen:
entweder für die Freiheit zu kämpfen
oder gefangen zu sein,
entweder für ein freies Leben zu streiten
oder zufrieden zu sein
mit dem Dasein der Sklaven,
entweder auf der Seite des Lebens
oder auf der Seite des Todes zu sein.

Verbreitet das Wort des Lebens in nah und fern.
Sprecht mit euren Freunden,
lest
und öffnet eure Augen
auch für verschlossne Türen eures Empfindens
vor denen ihr noch gestern Furcht empfandet.

Öffnet eure Herzen weit
für die Wahrheit.

Interview mit Mumia

von Allen Hougland

Pennsylvanias neues Hochsicherheitsgefängnis, das Staatsgefängnis von Waynesburg (SCI Greene), verbirgt sich in einer ländlichen Hügellandschaft etwa fünfzehn Meilen von der Grenze West Virginias entfernt. Das flache, erdfarbene Mauerwerk seiner Gebäude paßt sich ein in eine mit Gras bewachsene Lichtung, in die es sich verstohlen duckt. Umgeben von mehreren Lagen grüner Metallzäune, die von rasierklingenscharfem Nato-Stacheldraht gekrönt sind. Nachdem wir ins Innere gelangt sind, folgen der Videoproduzent Thomas Filmyer und ich einer freundlichen Verwaltungsangestellten durch die hell erleuchteten Korridore, passieren eine Reihe von eisernen Sicherheitstüren und gelangen schließlich in eine Besucherzelle, in der wir die folgenden neunzig Minuten mit Mumia Abu-Jamal verbringen werden.
Während wir den kleinen Raum betreten, wartet die Beamtin draußen vor der Tür, die bis zum Ende des Interviews geöffnet bleibt. Mumia erwartet uns schon, er trägt ein blaues Baumwollhemd und stählerne Handschellen, lange Dreadlocks fallen über seine Schultern. Er wirkt gesund und ausgeruht und wartet darauf, endlich mit uns reden zu können. Seine tiefe Stimme dringt mit Echo zu uns durch die Filter kleiner Öffnungen am Ende der dicken Trennscheibe aus Plexiglas, die uns von ihm trennt.

F: Kannst du uns bitte mit eigenen Worten erzählen, wer du bist?

A: Ich heiße Mumia Abu-Jamal. Ich bin Anfang vierzig und seit Juli 1982 in der Todeszelle. Ich habe in mehreren Todestrakten Pennsylvanias eingesessen. Abgesehen von meinem Gefangenenstatus bin ich Schriftsteller, Journalist, Kolumnist und Berufsrevolutionär.

F: Und du bist in Philadelphia aufgewachsen?

A: Als Jugendlicher verbrachte ich die meiste Zeit in Philadelphia. Während meiner Mitgliedschaft in der Black Panther Party lebte ich aber auch in anderen Städten und arbeitete dort in Ortsgruppen dieser Organisation. Den größten Teil dieser Zeit, die mich am meisten geprägt hat, verbrachte ich in North Philly, also im Herzen Nord Philadelphias.

F: Wie würdest du deine Kindheit dort beschreiben?

A: Durchschnittlich – keine besonderen Vorkommnisse. Ausgenommen mein Interesse an der Black Panther Party gibt es nichts erwähnenswertes über mich zu erzählen, das mich von den Millionen anderen Kindern und Jugendlichen meiner Generation unterscheiden würde. Ich wuchs in einem armen Stadtteil auf, in einer Gegend, die man landläufig die »peejays« nennt. Das kommt von »projects«, wie diese Mietskasernen genannt werden. Meine Schulzeit verbrachte ich von der Grundschule bis zur Oberschule in Philadelphia. Daß es über mich persönlich aus meiner Kindheit nichts Bemerkenswertes zu berichten gibt, liegt an den Zeiten, über die wir hier sprechen – die späten sechziger und frühen siebziger Jahre. Das war die Zeit, in der sich die schwarze Befreiungsbewegung explosionsartig entwickelte. Es gab also viele junge Leute meiner Generation, die aktiv in der Black Panther Party waren, oder in der Bewegung der Republic of New Afrika, im Southern Nonviolant Coordinating Committee, in der Nation of Islam und in anderen Organisationen, die offen politisch aktiv waren zu dieser Zeit.

F: Stimmt es, daß dein Geburtsname nicht Mumia Abu-Jamal war, sondern Wesley Cook?

A: Ja.

F: Wann und warum hast du deinen Namen geändert?

A: Diese Veränderung vollzog sich im Verlaufe mehrerer Jahre. Ich hatte nicht heute diesen Namen und einen Tag später einen anderen. Ich muß noch einmal darauf zurückkommen: im Kontext dieser Zeit, in diesen Jahren, als die schwarze Befreiungsbewegung immer stärker wurde und Leute anzog, die an diese Bewegung glaubten, legten sich viele von uns afrikanische Namen zu. Einer meiner Lehrer an der schwarzen Highschool von Philadelphia stammte aus Kenia und war in die USA gekommen, um Suaheli zu unterrichten. In seiner Suaheliklasse gab er seinen Schülern afrikanische Namen. So kam ich zu meinem Namen Mumia.

F: Und was bedeutet Abu-Jamal?

A: Ich bin nach meinem ersten Sohn benannt. Das ist arabisch und bedeutet »Vater von Jamal«, weil mein erster Sohn Jamal heißt. Das ist so eine Art Mischung, daß mein erster Name aus dem Suaheli stammt und mein Nachname aus dem Arabischen.

F: Wie lief es für dich in der Black Panther Party, was lief

gut und was schlecht und wodurch wurde dein Engagement beendet?
A: Ich erinnere mich – wir sprechen natürlich über Zeiten, die Jahrzehnte zurückliegen –, ich erinnere mich noch gut, daß es wohl die aufregendste und befreiendste Zeit meines Lebens war. Für die meisten Leute sind ihre Teenagerjahre eine Zeit der Freiheit. Meine waren Jahre absoluter Super-Freiheit. Es war eine unglaublich lehrreiche Erfahrung. Die Tatsache, daß ich sogar von hier aus als ein Journalist arbeite, der kontinuierlich schreibt und jede Woche mit Tausenden und aber Tausenden Leuten kommuniziert, hat ihren Ursprung darin, daß ich als Panther in dem gearbeitet habe, was wir das Informationsministerium nannten. Das heißt, meine Arbeit bestand darin, daß ich Berichte für die in San Francisco und Oakland, Kalifornien ansässige überregionale Black Panther Zeitung schrieb. Sie hieß »Black Panther – Community News Service«. Wir hatten aber auch regionale Zeitungen, die wie Flugblätter oder Flugschriften

herausgebracht wurden. Ich arbeitete für das Informationsministerium der Panthers in Philadelphia, New York und in anderen Städten. Auf diese Weise wurde ich als revolutionärer Journalist geschult, um die Positionen der Black Panther Party aus deren revolutionärer – schwarzer revolutionärer – Perspektive darzustellen.

Ich sollte hinzufügen, daß die Leute oft, wenn sie über diese Erfahrung von mir reden, das nicht tun, weil sie wirklich etwas wissen, sondern weil sie eine feststehende Meinung darüber haben. Sie sagen: »Okay, das war aber kein normaler Journalismus« oder »Wann bist du denn auf den normalen Journalismus umgestiegen?« Ich halte natürlich dagegen, daß auch diese Erfahrung eine des normalen Journalismus war. Was bedeutet denn normaler Journalismus anderes, als daß jemand für eine Zeitung schreibt, redigiert, zeichnet – in der Partei haben wir gelernt, das alles zu können –, die Woche für Woche von 250.000 Menschen gelesen wurde? Wie viele Zeitungen haben denn schon eine so große Verbreitung? Es gab ja sogar eine internationale Verbreitung. Wir veröffentlichten internationale Nachrichten, wir waren diejenigen, die internationale Nachrichten *machten*. Das war, als die Partei auf ihrem Höhepunkt war – bevor das COINTELPRO[48] sie in Stücke riß –, als das Internationale Büro der Partei in Nordafrika, in Algier eröffnet wurde. Es wurde die Inter-Communal-Section genannt und stand unter der Leitung von Eldridge Cleaver, dem früheren Informationsminister. Das war faktisch die erste afroamerikanische Botschaft auf internationaler Ebene – eine unabhängige Botschaft des revolutionären schwarzen Amerika, wohin Leute aus aller Welt kommen und ohne die Einmischung der Regierung der Vereinigten Staaten miteinander reden konnten.

Ich sage »ohne die Einmischung der Regierung der Vereinigten Staaten«, weil es nur fair ist, aufrichtig und korrekt ist, darauf hinzuweisen, daß in dieser Zeit, genauso wie davor und danach, die Funktion der US-Regierung war, die damalige schwarze Befreiungsbewegung und die schwarze nationalistische Bewegung aufzuhalten, zu zerstören, zu spalten und in Stücke zu reißen. Das ist durch FBI-Akten belegt, die veröffentlicht wurden, nachdem das alles passiert ist. Wie viele der Leute, die den Geburtstag von Dr. Martin Luther King jr. als Gedenktag begehen, wissen eigentlich, daß das FBI ihn unbarmherzig verfolgt, sein Telefon und seine Hotelzimmer abgehört und Spitzel auf ihn angesetzt hat – voll abgesegnet aus den höchsten Reihen der Regierung der Vereinigten Staaten, also ich meine, aus dem Weißen Haus? Wie viele Leute wissen, daß das genauso zutrifft auf A. Philip Randolph, den afroameri-kanischen Arbeiterführer, der damals in den Sechzigern den »Marsch auf Washington« mit initiiert hat? Oder Marcus Garvey? Oder Malcolm X? Diese Liste läßt sich unendlich weiter fortsetzen. Dann gibt's da noch Adam Clayton Powell, der Kongreßabgeordneter aus Harlem war. Er war sogar als Kongreßabgeordneter unter totaler Beobachtung eben jener Regierung, für die er arbeitete. J. Edgar Hoover, in den Sechzigern Leiter des FBI, hat noch in seinen letzten Jahren erklärt, daß es zur Aufgabe des FBI gehörte, das Emporkommen eines »schwarzen Messias« zu verhindern, also von jemand, der in der Lage gewesen wäre, das schwarze Amerika zu einer vereinten Kraft zusammenzuschließen.

F: Wo hat er das gesagt?

A: Er hat das in seinen COINTELPRO-Papieren gesagt, in seinen Akten. Das steht alles in den FBI-Akten. Wenn jemand den leisesten Zweifel daran hat, daß ich die Wahr-- heit sage, dann würde ich ihm raten, das Buch von Kenneth O'Reilly zu lesen, eines Professors der Politischen Wissenschaften. Das Buch heißt »Black Americans: The FBI Files« und ist 1994 bei Carroll & Graf erschienen.

F: Und deshalb hast du an die Notwendigkeit einer schwarzen Revolution geglaubt?

A: Absolut.

F: Was genau meinst du denn, wenn du von einer »schwarzen Revolution« sprichst?

A: Das Wort Revolution meint Transformation, Veränderung. Wenn man sich die Lebensbedingungen der Afroamerikaner in diesem Land von einer objektiven Perspektive aus anschaut und wenn man dann nicht die Notwendigkeit sieht, diese Bedingungen zum Besseren zu wenden, dann kann man nur daran interessiert sein, alles so zu lassen wie es ist, den Status quo zu erhalten. Wenn man sich die Lebensbedingungen der Afroamerikaner heute ansieht, dann muß man feststellen, daß wir uns auf der untersten Stufe jeder sozialen Skala befinden, sei es in Fragen der Bildung, sei es bezogen auf Arbeitslöhne, Lebenserwartung oder die Gesundheit. Egal, um was für einen Indikator des sozialen Wohlbefindens oder Status es geht, warum finden wir uns immer am Ende dieser Skalen wieder? Ich würde behaupten, daß diese Realität nicht auf die siebziger Jahre zu beschränken ist. Mit dieser Wirklichkeit haben wir es bis heute zu tun. Revolution ist eine Notwendigkeit.
Veränderungen sind notwendig, um eine Situation zu ändern, die tödlich für uns ist.

F: Ich habe hier zwei Zitate, die ich dir gerne vorlesen würde. Das eine ist von Frederick Douglass, der sagt: »Die Machthaber gewähren nichts, was ihnen nicht abverlangt wird«. Und das andere wird dir zugeschrieben, du sollst einmal gesagt haben: »Die politische Macht kommt aus den Gewehrläufen.« Ich hätte gern, das du zu diesen beiden Zitaten etwas sagst.

A: Frederick Douglass soll das vor mehr als hundertfünfzig Jahren gesagt haben, aber diese Wahrheit trifft ganz sicher heute noch zu und sie wird weiterhin zutreffen, solange noch Menschen leben. » Die Machthaber gewähren nichts, was ihnen nicht abverlangt wird«. Das Ausmaß, in dem Afroamerikaner sich von der faktischen Rassentrennung und Sklaverei in diesem Land befreit haben, hat sich nicht ereignet, weil Amerika eines Tages aufgewacht ist und sagte: »Ich denke, wir sollten den Afroamerikanern das Wahlrecht geben, wir sollten die Diskriminierung, der sie auf der Arbeit und bei der Wohnungssuche usw. unterworfen sind, stoppen. Nein, so ist es nicht gewesen. Das alles ist schließlich passiert, weil Leute wie Dr. Martin Luther King, Malcolm X und Dr. Huey P. Newton viel Leid und sogar ihren Tod auf sich genommen haben in der Umsetzung ihrer Aktionen und Strategien. Ist passiert, weil Leute aus verschiedensten philosophischen und ideologischen Positionen diese Forderungen an die Machthaber gerichtet haben. Hätte es nicht einen Malcolm X gegeben, dann hätte es auch nicht die Effektivität eines Dr. Martin Luther King gegeben, weil beide in ihren unterschiedlichen Rollen der Machtstruktur klar gemacht haben: »Wir gehen besser diesen Weg, oder ihr werdet die Konsequenzen zu tragen haben.«

Das zweite Zitat, das – so möchte ich anfügen – vom Vorsitzenden der chinesischen Kommunistischen Partei, Mao Tsetung, stammt, wurde in meinem Prozeß als Vorwand genommen, die Todesstrafe gegen mich zu verhängen. Im Fall *Dawson gegen Delaware*, in dem der Staatsanwalt die Mitgliedschaft des Angeklagten in der Aryan Brotherhood (Arischen Bruderschaft) in das Verfahren eingeführt hat, hat der Oberste Gerichtshof der USA festgestellt, daß dadurch das Erste Verfassungsrecht des Angeklagten auf Vereinigungsfreiheit verletzt worden ist. In der Phase meines Prozesses, in der die Plädoyers gehalten werden, hat die Staatsanwaltschaft meine über zehn Jahre zurückliegende Mitgliedschaft als Jugendlicher in der Black Panther Party in das Verfahren eingeführt. Und zwar vor einer vorwiegend weißen Jury, unter deren Geschworenen einige mit Polizeibeamten verwandt waren. Was sagt ihr dazu? Wer spricht über die Mitgliedschaft des Richters in der Fraternal

Order of Police? Das soll unwichtig sein? Als wir das ansprachen, sagte er: »Ach, ich war nur ein paar Jahre Mitglied dort.« Verdammt noch mal, ich war auch nur ein paar Jahre Mitglied bei der Black Panther Party! Es gibt nicht mal den Anschein von Ausgewogenheit vor Gericht. Ich will aber jetzt auf das Zitat so reagieren, wie ich es damals tat, als es im Gericht zur Sprache kam: Wie haben denn die Amerikaner (oder die Leute, die sich selbst Amerikaner nannten) die politische Macht in diesem Land erlangt, wenn nicht durch Gewehre? Wie haben sie die Streitkräfte der britischen Krone im sogenannten revolutionären Krieg besiegt, wenn nicht durch die Macht und die Feuerkraft ihrer Gewehre? Wie konnten sie die eingeborenen Völker dieses Landes in den sogenannten Indianerkriegen besiegen, wenn nicht durch Waffengewalt? Man muß also nicht sagen, daß das eine kommunistische Ansicht ist oder eine radikale Ansicht. Es ist eine Erkenntnis, die aus der Geschichte genommen wurde, und nicht zu leugnen ist. Es ist schon eigenartig, wenn man Leute darüber reden hört, wie stolz sie darauf sind, Amerikaner zu sein, die aber völlig ignorieren, auf welche Wurzeln es zurückgeht, ein Amerikaner zu sein. Hätten die Amerikaner nicht unter Einsatz aller verfügbaren Mittel – einschließlich ihrer Waffen – gegen die Briten gekämpft, würden wir heute alle mit einem britischen Akzent sprechen und rufen: »Gott schütze die Königin!«

F: Mumia, laß uns über die letzte Phase deiner journalistischen Arbeit sprechen. Du wurdest bei deiner Arbeit, wie du selber sagst, von »dem Prinzip geleitet, daß wir zuallererst unterdrückte schwarze Menschen sind«. Wegen deiner Arbeit, die du in den siebziger Jahren in Philadelphia und in den USA allgemein geleistet hast, hast du dir als »Stimme der Unterdrückten« einen Namen gemacht, speziell auch wegen deiner Berichte über die Gruppe MOVE. Kannst du uns etwas über deine journalistische Arbeit erzählen und auch erklären, wer MOVE ist?

A: Natürlich, das ist mir eine Ehre. MOVE ist eine Familie von Revolutionären, die im Einklang mit der Natur leben. MOVE wurde in den späten Sechzigern, frühen Siebzigern in Philadelphia gegründet und befindet sich in Opposition gegenüber allem, was dieses System repräsentiert. Über Jahre hinweg hat es kontinuierliche und unerbittliche Konflikte zwischen der MOVE-Organisation und der Stadt gegeben, also der Polizei, der Justiz und dem politischen Arm des Systems. Das waren bittere Kämpfe.
Wir Reporter haben eine Art Herdenmentalität. Reporter tendieren dazu, das zu tun, was auch andere Reporter tun. Das ist echt sowas wie ein Herdeninstinkt. Die »Herde« in Philadelphia hat MOVE in offen animalistischen oder Untermenschenbegriffen beschrieben. Ich erinnere mich noch an einen Kommentar im Philadelphia Inquirer, in dem genau diese Begriffe benutzt wurden: Die Leute von MOVE wurden darin als »Untermenschen« bezeichnet. Wow! In diesem Kommentar spiegelte sich genau der Ton, der die Nachrichten beherrschte. Auf der Basis dessen, was ich in den Zeitungen gelesen hatte, kann ich nicht gerade behaupten, daß MOVE mir die liebsten Leute waren – wahrscheinlich war eher das Gegenteil der Fall.
Aber ich habe etwas sehr Interessantes herausgefunden: Als ich mich daran machte, für einen Radiosender, der heute als WWDB bekannt ist und damals WHAT hieß, Reportagen über MOVE zu machen, fand ich nämlich heraus, daß die Leute

von MOVE doch menschliche Wesen waren. Das hört sich jetzt nicht gerade wie eine die Welt erschütternde revolutionäre Erkenntnis an, damals war es aber eine, weil es eine völlige Dehumanisierung war, wie die lokalen und regionalen Medien MOVE behandelten – als befänden sie sich jenseits der Grenzen des Erlaubten. Was ich antraf waren idealistische, engagierte, starke, unerschütterliche Männer und Frauen, die zutiefst von einer geistigen Aversion gegen alles geprägt waren, was das System repräsentierte. Für sie war dieses System ein Todessystem, das sich in einem tödlichen Krieg befand. Für sie war alles, was dieses System ausstrahlte, Gift – angefangen beim technologischen Müll, der Zerstörung der Erde, über die Verpestung von Luft und Wasser, bis hin zur Zerstörung der genetischen Lebensgrundlagen von Mensch und Tier und aller anderen Lebewesen. MOVE leistete dagegen einen erbitterten und unnachgiebigen Widerstand, völlig kompromißlos.
Ich erinnere mich noch daran, als ich in den frühen Siebzigern zum ersten Mal von MOVE hörte – ich glaube, es war in einem Fernsehbericht. Ein paar von den MOVE-Leuten waren verhaftet worden und der Tenor des Berichtes war: »Diese durchgeknallten, diese verrückten Leute haben ohne jeden Anlaß vor dem Zoo demonstriert.« Natürlich kein Wort dazu, welche Position MOVE in Wirklichkeit dazu hatte. Später, bei näherem Hinsehen und bei meinen Recherchen über die wirklichen Ereignisse, fand ich dann heraus, daß, in Übereinstimmung mit den Lehren des MOVE-Gründers John Africa, alles Leben – ich betone: alles Leben – heilig ist und seinen eigenen Wert hat und nicht für Geld und Profit ausgebeutet werden sollte. Die MOVE-Leute waren also verhaftet worden, weil sie gegen die Realität im Zoo demonstriert hatten, den sie ein »Gefängnis« für Tiere

nannten. Heute gibt es überall auf der Welt Gruppen wie Earth First und andere, die viele der Positionen vertreten, die früher als exzentrisch angesehen wurden. MOVE machte das schon vor zwanzig Jahren. Ich traf eine bemerkenswerte und unglaubliche Familie an, die ständig wächst und gedeiht, stärker wird und weiter an ihrem Aufbau arbeitet und Leute vereinigt. Ich meine, wenn mir jemand vor zwanzig Jahren gesagt hätte, daß es einmal MOVE-Unterstützungsgruppen in London und Paris geben würde, dem hätte ich geantwortet: »Laß mich in Ruhe, du spinnst ja!« Heute gehört das zum Alltag.

F: War der MOVE-Gründer John Africa wie ein Seelsorger für dich?

A: Ja, absolut, ohne jede Frage.

F: Du hast den Begriff Glauben eingebracht. Wenn du über Glauben sprichst, deinen Glauben, was meinst du damit?

A: Glaube bedeutet ganz einfach Bekenntnis. Die Leute können alle möglichen Etiketten und Begriffe dafür verwenden und es nennen, wie sie wollen. Aber das, an was du glaubst, was Resonanz für dich hat, ganz tief in dir drinnen, das ist dein wirklicher Glaube. Einige Leute glauben an das Geld. Sogar viele Leute, denke ich, Millionen in Amerika. Sie sagen: »Wir vertrauen auf Gott«, aber worauf sie wirklich vertrauen, das ist das Geld. Ihr Glaube, ihr ganzes Ich, dreht sich um Währung, um Geld, Wohlstand, Status – all diese Sachen. In den Lehren von John Africa habe ich eine Wahrheit gefunden, die nicht zu leugnen ist, die kraftvoll ist, die nackt und roh ist. Er spricht über dieses System

auf eine Art, von der ich wünschte, ich hätte den Mumm, genauso zu reden und auch die Klarheit, so darüber zu sprechen. Die MOVE-Mitglieder haben ohne jeden Kompromiß darüber gesprochen, und sie haben nicht nur geredet, sondern es jeden Tag gelebt. In den Vereinigten Staaten reden wir viel über Religion. Wenn du Christ bist, sprichst du über den Sonntag. Das macht deine Religion aus: Am Sonntag gehst du zur Kirche, am Montag machst du wieder dein eigenes Ding. Und am nächsten Sonntag gehst du wieder in die Kirche und am nächsten Montag kümmerst du dich wieder um dein eigenes Ding. Wenn du Jude bist, dann ist der Samstag dein Sabbath und du gehst in die Synagoge und sprichst deine Gebete. Wenn du Muslim bist, dann ist der Freitag dein Juma'at. Und was all diese Religionen an diesen Tagen und in diesen Stunden wirklich verheißen ist eine Art Kategorisierung des Glaubens – »das ist dein Feiertag«. Für MOVE sind alle Tage heilige Tage, also Feiertage, weil für sie alles Leben heilig ist. Wenn du draußen bist und dich für deine Brüder und Schwestern einsetzt, dann praktizierst du deine Religion. Dein Glauben ist das, an was du wirklich und absolut glaubst. Wenn du jemanden von MOVE fragst: Was ist deine Religion?, dann wird er dir antworten: Das Leben.

F: Was sagst du zu der Kritik an MOVE und wie denkst du über die Leute aus der Nachbarschaft von MOVE, die sagten, daß sie gestört haben und lästig waren, daß sie schmutzig waren, laut und permanent versucht haben, die Nachbarschaft zu bekehren und das Recht der Nachbarn verletzt haben, in Ruhe und Frieden zu leben?

A: Ich würde darauf antworten, auch wenn ich dabei Gefahr liefe, Streit zu bekommen, daß ich annehme, daß alle diese Kritiken zutreffend sind. Aber: Wie laut ist eine Bombe? Wie störend ist die Zerstörung von einundsechzig Häusern durch Feuer? Wie entfremdend sind Massaker und Massenmord? Weil das nämlich genau das ist, was die Stadt den Leuten gegeben hat, die sagten: »Diese durchgeknallten MOVE-Leute gehen uns schwer auf den Geist.«

F: Damit reden wir jetzt natürlich über den Bombenabwurf auf das MOVE-Haus in der Osage Avenue in Philadelphia im Jahr 1985.

A: Ja. Am 13. Mai 1985 hat die Stadt Philadelphia

buchstäblich Zehntausende Schußsalven auf das Haus in der Osage Avenue abgefeuert, hat schließlich eine Bombe auf das Haus werfen und das Feuer zehn oder zwölf Stunden wüten lassen. Es verschlang einundsechzig Häuser, laut der letzten Zählung. Sind nicht dadurch die Rechte der Nachbarn verletzt worden? Wurde nicht dadurch das Leben an sich vernichtet? War das nicht die eigentliche Störung? Ich denke, daß viele Leute gemerkt haben, daß sie von einem politischen und Polizeisystem verarscht wurden, das einen Nachbarschaftskonflikt ausnutzte und ihn zu einem Bürgerkrieg und fast zu einer Katastrophe hochschaukelte. Ich habe in verschiedenen Stadtteilen Philadelphias und in anderen Städten gelebt. Ich hatte Nachbarn, die mir völlig auf den Geist gegangen sind. Da gab es zum Beispiel Leute, die hörten laut ihre Musik, und egal was du sagtest, sie waren nicht dazu zu bewegen, etwas leiser zu drehen, es sei denn, du wärst runtergegangen und hättest dich in eine Schlägerei oder so was verwickeln lassen. In vielen Nachbarschaften, wie zum Beispiel heutzutage in Southwest Philadelphia, kannst du deinen Kopf nicht aus dem Fenster stecken, ohne Maschinenpistolenfeuer zu hören. Stört das jemanden? Ist die Nachbarschaft alarmiert, wenn so ein drogenabhängiger Punk seine Uzi rausholt und auf einen Konkurrenten schießt? Es wird mit Crack gedealt, es gibt Prostitution, es gibt all die Krankheiten dieser Gesellschaft. Aber wißt ihr, was es nicht gibt? Es gibt keine Regierung, die deshalb einen Krieg anzettelt wie sie's am 13. Mai 1985 getan haben. Sowas gibt's nicht. Es sei denn, es geht um Rebellen und Revolutionäre von MOVE in ihren Häusern...

F: Mumia, du hast über die Todesstrafe, mit der du ja sehr vertraut bist, gesagt, »wo es um die Todesstrafe geht, folgt die Justiz der Politik«. Und wir haben in den letzten zwanzig oder fünfundzwanzig Jahren ja auch eine Veränderung, eine Evolution – wenn du es so nennen willst – in der Todesstrafen-Rechtsprechung erlebt.

A: Man kann das bestenfalls eine »Devolution« nennen

F: Ja. Vom Fall *Furman gegen Georgia*, in dem das Oberste Bundesgericht die Todesstrafe 1972 in der damals gängigen Rechtspraxis für nicht verfassungskonform erklärte, über den Fall *Gregg gegen Georgia*, in dem die Todesstrafe 1976 für verfassungsgemäß erklärt wurde, falls ein »festgelegtes Ermessen« bei der Urteilsfindung gewährleistet wäre, das »objektiven Standards« folgen würde. Seitdem hat es eine neue Flut von Todesurteilen mit nunmehr über dreitausend Verurteilten gegeben. Und das gegenwärtig amtierende Oberste Bundesgericht scheint geneigt zu sein, die Berufungsrechte der Verurteilten einzuschränken. Das passiert zur selben Zeit, in der andere Industrienationen die Todesstrafe abschaffen. Kannst du etwas dazu sagen, warum dieses Land gerade zum jetzigen Zeitpunkt die Hinrichtungen auf seine Fahnen geschrieben hat?

A: Ich denke, der Antrieb dazu entspringt derselben Quelle, aus der der Antrieb für die noch nie dagewesene Häufigkeit der Inhaftierung von Afroamerikanern im Vergleich zu den anderen Sektoren der amerikanischen Bevölkerung entspringt. Ich halte es nicht für einen Zufall, daß dies in den Vereinigten Staaten von Amerika geschieht. Wenn du dir die andere nordamerikanische Gesellschaft ansiehst, die eine sehr ähnliche Geschichte hat, findest du eine völlig andere Realität vor. Die Gesellschaft, von der ich spreche, ist natürlich Kanada. Wir leben zur selben Zeit, auf demselben Kontinent, sprechen fast überall (außer in Québec) dieselbe Sprache, haben dieselben generellen, an England orientierten Rechtstraditionen. Dennoch gibt es in Kanada keine Todesstrafe. Wenn du dort über das Strafsystem – das sogenannte Besserungssystem – sprichst, stößt du auf eine völlig andere Sichtweise. Dort ist es fast unbekannt, daß jemand zu mehr als zwanzig Jahren Gefängnis verurteilt wird. Da muß es schon um einen Massenmörder gehen, der mit der Axt Amok gelaufen ist. Und wenn du dir Kanada genauer ansiehst und es untersuchst, und wenn du dir dann die USA ebenfalls genau ansiehst und sie untersuchst, dann stellst du fest, daß die Elemente, in denen sich die beiden Gesellschaften unterscheiden, mit der Rassenfrage zusammenhängen, mit der Geschichte dieses Landes als einer Sklavenhaltergesellschaft, die ein ganzes Volk auf einen Status von Untermenschen reduziert hat.

Im berüchtigten Dread Scott-Urteil aus dem Jahr 1857 hat der Oberste Richter Roger Brooks Taney gesagt: »Ein Neger hat keine Rechte, die ein Weißer respektieren müßte.« Mit diesem Grundsatzurteil hat der Oberste Gerichtshof den Antrag eines Sklaven abgelehnt, seine Freiheit zu erhalten. Er hatte argumentiert: »Ich lebe in einem freien Staat, in dem es keine Sklaverei gibt, und aus diesem Grunde sollte mein Sklavenstatus per Gesetz aufgehoben werden.« Die überwältigende Mehrheit des Obersten Gerichtshofes der USA, dem Gericht von Richter Taney, sagte dazu:

»Als die Verfassung und die Unabhängigkeitserklärung geschrieben wurden, wurden Afrikaner als 3/5-Personen angesehen. Wenn jemand von ‘wir, das Volk’ spricht, dann waren damit sicherlich nicht die afrikanischen Sklaven gemeint. Und deshalb können wir ihnen nicht die Rechte

und Zusätze einräumen, die sich auf ' wir, das Volk' anwenden lassen. Die Verfassung hat für sie und ihresgleichen keine rechtliche Gültigkeit, auch nicht für ihre Nachfahren, wenn sie denn je in die Freiheit entlassen werden sollten.« Das sind die Worte des Dread Scott-Urteils. Und dieser Geist spiegelt sich in allen Gesetzen der Vereinigten Staaten wider.
Kleinigkeitskrämer würden sicher einwenden: »Aber mit dem vierzehnten Verfassungszusatz war diese Entscheidung sicher aufgehoben.« Sieht man sich aber diesen Fall genau an und untersucht seine Präjudiz, dann stellt man fest, daß dieses Urteil noch heute einer *gerichtlichen* Aufhebung bedarf. Und der Ort, wo Menschen tatsächlich mit ihrer Regierung hautnah in Berührung kommen, ist nicht die Wahlkabine – also ich meine, das ist für viele doch nur eine hohle Formalität – sondern das ist der Gerichtssaal. Dort treffen die meisten Leute direkt auf ihre Regierung. Und in eben diesem Gerichtssaal sehen die Leute, ob die Gesetze, die man ihnen eingeflößt hat, wirklich existieren oder nicht. Und wenn jemand arm ist, wenn jemand Afroamerikaner ist, wenn jemand ohne Einfluß und Macht ist, dann geht er in diesen Gerichtssaal ohne jede Hoffnung darauf, daß er ihn als ein freier Mann wieder verlassen wird. Das ist die nicht zu leugnende Realität in den USA.
Die Todesstrafe ist einmalig im amerikanischen Gesetz, weil, wenn du den Prozeßverlauf genau untersuchst, dann wirst du eine Menge eigenartige Vorstellungen darüber finden, wie das ganze in der Realität funktioniert, im Gegensatz zu dem, wie es eigentlich in der Theorie funktionieren sollte. Ich sage auch warum: Anders als in allen anderen Gesetzen kann unter den Bestimmungen über Kapitalverbrechen – auf der Basis des Urteils *Wainright gegen Whit* – vom ersten

Moment an ein Geschworener schon allein deshalb ausgeschlossen werden, wenn er oder sie gegen die Todesstrafe ist. Aus diesem Grund gibt es das, was man eine Staatsanwalts-Jury nennt, die – von Beginn an – schwören muß, daß sie bereit ist, die Todesstrafe zu verhängen, noch bevor sie irgend einen Beweis gehört oder gesehen hat. Untersuchungen belegen, daß diese Jurys eher zu Verurteilungen neigen, daß sie im Vergleich zu allen anderen Jurys in der amerikanischen Rechtsprechung auf extreme Weise für die Staatsanwaltschaft und gegen den Angeklagten eingestellt sind. Und damit ist der Verlauf des Prozesses vorgezeichnet.

Ist es nicht auch seltsam, daß du in dieser Etappe des Prozesses, wo du davon bedroht bist, nicht nur deine Freiheit, sondern dein Leben vom Staat geraubt zu bekommen, mit der schlechtesten Verteidigung ausgerüstet bist, die das System kennt – mit Pflichtverteidigern ohne jede finanzielle Ressourcen. Diese Verteidiger mögen es gut meinen, aber sie sind oft schlecht ausgebildet. Die Verfahren wegen Kapitalverbrechen unterscheiden sich wesentlich von allen anderen Verfahren. In Philadelphia ist es so, wenn jemand wegen eines Kapitalverbrechens angeklagt ist, dann wird ihm ein vom Gericht bestellter Pflichtverteidiger beigeordnet. Zum Zeitpunkt meines Prozesses betrug das Honorar für einen solchen Anwalt nur 2.500 Dollar. Davon sollte er Privatdetektive[49] bezahlen, Ballistiker, Forensiker, Psychologen, wen auch immer. Er erledigte seinen Job im Alleingang, ohne Privatdetektiv, ohne Anwaltsgehilfen, es gab nur seine Sekretärin und ihn. Wir verfügten über keinerlei Mittel. Wir hatten überhaupt nichts. Ich mußte kein wutschnaubender Black Panther oder durchgeknalltes MOVE-

Mitglied mit irrem Blick sein, um zu dem Schluß zu kommen: Fahrt zur Hölle, ich verteidige mich selbst! Wenn so ein Pflichtverteidiger nur die Ablehnung eines Antrages erreichen kann, dann kann ich das auch selbst tun. Aber das Gericht verweigerte mir mein in der Verfassung garantiertes Recht, mich selbst zu verteidigen. Sie beharrten darauf, daß dieser Typ meine Verteidigung zu übernehmen hatte, zuerst als Rechtsbeistand, später als leitender Verteidiger. Ich wollte ihn aber aus diesen Gründen weder als meinen Rechtsbeistand noch als meinen Verteidiger.

F: Glaubst du, daß er sich überhaupt richtig um die Sache gekümmert hat?

A: Am Anfang schon, aber unser Verhältnis von Mandant zu Verteidiger hat sich wirklich ständig verschlechtert. Als er zu meinem Rechtsbeistand gemacht wurde, löste sich sein Engagement in Luft auf. Er hat später unter Eid ausgesagt[50], daß er vier oder fünf Wochen untätig herumgesessen hat. In dieser Anhörung sagte er im Zeugenstand: »Ich war ineffektiv.« Der Bezirksstaatsanwalt sagte daraufhin: »Nein, Sie waren nicht ineffektiv. Sie waren ein großartiger Anwalt – es war doch vielmehr so, daß Sie einen sehr schwierigen Mandanten hatten, oder?« Und er antwortete: »Nein, ich war ineffektiv. Ich habe nicht gemacht, was ich hätte tun müssen. Ich hätte es tun sollen, aber ich habe es nicht getan.« Und auf die Frage, warum er's nicht getan hat, sagte er: »Ich habe nicht daran gedacht« oder »Ich habe es vergessen« oder »Ich war einfach zu beschäftigt.« Verdammt noch mal, ist das nicht ineffektiv? Kann man sagen, daß ich eine effektive Verteidigung hatte? Und dann

ist da dieser Richter, der sagt, dieser Typ war ein großartiger Anwalt, daß er ausgesprochen gute Erfahrungen als Strafverteidiger hatte, daß er schon siebenundzwanzig Fälle wegen Kapitalverbrechen vertreten hat. Das war gelogen. Tatsächlich war mein Fall sein erster, den er als selbständiger Anwalt übernommen hatte. Kurz vorher hatte er gerade eine Großkanzlei verlassen.
Nun, als eine Folge der bescheidenen finanziellen Ausstattung bereiten sich diese Anwälte kaum vor. Ist das nicht merkwürdig, daß du diese Art Verteidiger an diesem Punkt vom Gericht beigeordnet bekommst? Das Gericht entscheidet, wann der Anwalt sein Honorar erhält, *ob* er überhaupt bezahlt wird und wieviel er bekommt. Folglich hat man es mit einem Anwalt zu tun, der sich dem Gericht gegenüber verpflichtet fühlt wegen seines Honorars. In der wichtigen Anfangsphase des Prozesses bekommst du die denkbar schlechteste rechtliche Unterstützung, aber dann, Monate oder Jahre später, wenn du schon deinen Hinrichtungsbefehl hast, dann bekommst du auf einmal drei oder vier in Harvard ausgebildete hochkarätige Anwälte von einer der größten Anwaltssozietäten des Landes beigeordnet – dazu noch Anwaltsgehilfen, Privatdetektive und Psychologen! Muß dir das nicht wie ein hinterwäldlerisches System vorkommen? Aber genau so funktioniert das System heute. Das ist die Erfahrung, die die meisten Gefangenen in den Todestrakten machen. Kann man dieses System als fair bezeichnen? Warum kann ein Angeklagter nicht mit dem besten aller Anwälte vor Gericht treten, wenn er von der Todesstrafe bedroht ist, statt zu warten, bis er mit seinem Hinrichtungsbefehl konfrontiert ist?

F: Erzähle uns etwas über den typischen Tagesablauf hier.

A: Ein typischer Tag beginnt um 6:25 Uhr in der Frühe. Ein Wärter betritt die Station, auf der fünfundzwanzig Gefangene liegen, und ruft »Hofgang!« »Meldung zum Hofgang! Meldung zum Hofgang!« Wenn du schon wach bist, kannst du dich melden, indem du deine Nummer oder deinen Namen rufst. So gegen 6:35 Uhr wird das Frühstück gebracht – ein Tablett wird dir durch die Tür gereicht. Gegen 7:05 Uhr gibt's die Erlaubnis zum »Hofgang«. »Hofgang« ist allerdings ein Euphemismus, es bedeutet in Wirklichkeit »Käfig«, denn hier gehen die Männer raus in Käfige, wo sie gezählt werden. Man kann allein, zu zweit, zu dritt oder zu viert zur gleichen Zeit rausgehen. Diese »Hofgang« oder »Käfig«-Phase dauert eine Stunde. Dann geht jeder zurück in seine Zelle, und da bleibst du dann auch bis nächsten Morgen 7:05 Uhr, es sei denn, du hättest zwischenzeitlich Besuch. Das sind dreiundzwanzig Stunden Einschluß und eine Stunde Hofgang an den fünf Werktagen in der Woche. Am Wochenende sind es sogar vierundzwanzig Stunden Einschluß. Außer bei Besuchen, oder wenn du ein- oder zweimal pro Woche die Knastbücherei aufsuchst, bist du immer auf Zelle.

F: Und sonst passiert nichts?

A: Es passiert so lange nichts, wie du nichts los machst. Sonst bist du immer auf Zelle.

F: Und was tust du, um unter diesen Bedingungen durchzuhalten?

A: Ich lese und schreibe wahnsinnig viel. Ich versuche, alles zu lesen, was mir in die Finger kommt. Ich habe gerade zwei Bücher von Alice Walker gelesen – »The Temple of My Familiar« und ihr neuestes Buch. Ich habe »Jazz« von Toni Morrison gelesen. Ich habe auch »Strange Justice« von Jane Mayer und Jill Abramson gelesen, über die Ernennungshearings von Richter Clarence Thomas. Ich versuche, so viel wie möglich zu lesen.

F: Wie gehst du mit der Tatsache um, daß du möglicherweise hingerichtet wirst?

A: Damit setze ich mich Tag für Tag auseinander. Ich meine, es liegt wohl auf der Hand, daß du angesichts dieser Realität nicht ständig daran denken kannst. So gut es dir möglich ist, transformierst du diese Realität jeden Tag in eine neue. Glücklicherweise habe ich dank meines Buches »...aus der Todeszelle« jetzt Anwälte, sehr gute Anwälte, die meinen Fall zum ersten Mal richtig bearbeiten. Du sorgst einfach täglich dafür, gut drauf zu bleiben, gesund zu bleiben, stark und menschlich zu bleiben.

F: Hast du das Gefühl, ungewöhnlich viel Pech gehabt zu haben?

A: Nein, das habe ich wirklich nicht.

F: Warum hast du dieses Schicksal auf dich gezogen, wenn ich das mal so sagen darf?

A: Ich denke, ich habe eine bestimmte Geschichte, und wegen dieser Geschichte habe ich mir Feinde gemacht – in der Politik und im Staatsapparat. Wieviele Leute können damit prahlen – ich gebrauche diesen Begriff mit etwas Humor – daß sie seit ihrem vierzehnten Lebensjahr eine FBI-Akte haben? Ich kann es. Telefonanrufe und Post wurden kontrolliert, alles, was dazu gehört. Das FBI hat mich überwacht, seit ich ein Kind war. Sie verfolgten mich wegen meiner politischen Überzeugung, meiner politischen Äußerungen, meiner politischen Verbindungen. Wenn du meine FBI-Akte noch einmal durcharbeiten würdest, dann würdest du natürlich einen Haufen Mist finden. FBI-Akten sind voll davon. Aber du würdest dabei auch drauf stoßen, daß der Staatsapparat, als ich siebzehn oder achtzehn Jahre alt war, mir zwei Morde in einem anderen Land anhängen wollte. Was mich damals rettete, war meine Personalakte – meine Stundenabrechnungen zeigten nicht nur, daß ich nicht in dem anderen Land gewesen sein konnte, sondern daß ich die Arbeiten erledigt habe, die mir aufgetragen worden waren. Auf die gleiche Weise haben sie versucht, mir einen Raubüberfall anzuhängen, als ich in Vermont aufs College ging. Das alles fand ich heraus, als ich meine Akten Jahre später las.

F: Sind das öffentlich zugängliche Akten?

A: Oh ja, durch den Freedom of Information Act. Ihr könnt euch mit meinen Anwälten in Verbindung setzen und ich bin sicher, daß sie euch Zusammenfassungen geben können oder sogar Kopien von einigen der Akten. Wir fanden ungefähr achthundert Seiten FBI-Akten – einige mit Schwärzungen versehen, wo ganze Seiten unkenntlich waren. Diese Akten belegen, daß sie Briefe mit meinem Namen versehen an Leute schrieben, sie mit meiner Unterschrift versahen und sie losschickten. Briefe, die aus lauter Lügen bestanden. Das ist auch nur das, was die Regierung zugibt, daß sie es getan hat. Was diese Akten schließlich zeigen – also nicht ich sage das, sondern diese Akten bezeugen das – ist eine lange Geschichte von Aggressionen. Nicht von mir – ihr werdet in diesen Akten keinen einzigen Beweis für irgendeine Straftat finden. Aber ihr werdet eine Menge Beweise für Verbrechen finden, die der Staat gegen einen seiner sogenannten »Bürger« gerichtet hat wegen seiner politischen Überzeugungen und Verbindungen. Weil ich als junger Mann Sprecher des Informationsministeriums der Black Panther Party war. Ich habe über die Befreiung aller Schwarzen gesprochen. Deshalb haben sie mich zu ihrer Zielscheibe gemacht.

F: Mumia, einige würden sicher sagen, daß man es nirgendwo so gut hat wie in den USA. Daß du dort das Recht zu einer repräsentativen Jury hast und daß es verboten ist, in Gerichtsprozessen die Rasse als Vorurteil einzusetzen. Diese Leute würden sagen, geht wohin ihr wollt auf dieser Welt, nirgendwo würdet ihr es so gut haben wie hier.

A: In gewisser Weise ist das womöglich die Wahrheit. Es ist sicher zutreffend, sofern es sich hierbei um das geschriebene Gesetz handelt. Die Frage ist aber nicht, was das Gesetz besagt, sondern was es tut – wie es angewendet wird und nicht, wie es theoretisch formuliert ist.
In der Wirklichkeit aber, also in Philadelphia mit etwa 45% afroamerikanischer Bevölkerung, haben die meisten Gefangenen, die wie ich in der Todeszelle sitzen, eine überwiegend weiße Jury gehabt, die über Schuld oder Unschuld, Leben oder Tod zu entscheiden hatte. Der Oberste Gerichtshof der USA hat unzählige Male gesagt: »So könnt ihr das nicht machen.« Aber sie haben's trotzdem so gemacht. So war's in meinem Fall und so war's in vielen anderen Fällen

auch. Es scheint also, daß man es tun kann, weil es jeden Tag passiert. Es passiert jeden Tag, weil Staatsanwälte routinemäßig die afroamerikanischen Geschworenen aus den Jurys entfernen, wenn sie eine weiße Jury haben wollen, weil es im betreffenden Fall um eine Sache zwischen Schwarz und Weiß geht. Was in den Büchern steht und was es in Wirklichkeit bedeutet, wenn jemand einen Gerichtssaal betritt, sind oft zwei verschiedene Dinge.
In dem bekannten Fall *Batson gegen Kentucky* (der ist relativ aktuell, ich glaube aus dem Jahr 1986), forderte der Oberste Gerichtshof in einem Verfahren die Richter auf, sich die Gründe eines Staatsanwaltes näher anzusehen, der einen Geschworenen, der einer Minderheit angehörte, abgelehnt hatte. Die Richter sollten feststellen, ob er damit eine Diskriminierung beabsichtigte. Jahr für Jahr für Jahr hatte der ehemalige Bundesrichter Thurgood Marshall sich für dieses Prinzip eingesetzt. Richter ud Anwälte im ganzen Land haben für dieses Prinzip gekämpft. Sie haben es in dem Sinne erreicht, daß es ins Bewußtsein gerückt ist. Es wird in juristischen Lehrbüchern veröffentlicht und in juristischen Fakultäten gelehrt. Aber welche Bedeutung hat das vor Gericht? Es bedeutet so gut wie gar nichts. Weil es nach wie vor eine vorwiegend aus Weißen bestehende Richterschaft gibt, die vor allem die herrschende Klasse schützt. Die schauen sich die Situation an und dann gucken sie schnell wieder weg. Ungefähr fünfzig Meilen von hier, in Pittsburgh, da gibt es einen Fall, der eine große Kontroverse erzeugt hat. Grund ist der Richter Manning vom Court of Common Pleas (Berufungsgericht) von Pittsburgh im Allegheny County. Fünf Zeugen haben ausgesagt, daß Richter Manning in einer Situation außerhalb des Gerichts, aber nichtsdestotrotz in der Öffentlichkeit, folgendes zu einer

Frau gesagt hat, die als Sicherheitsbeamtin ihren Dienst auf dem Flughafen versah: »So was passiert nur, wenn man einem verdammten Nigger einen Job gibt!« Die Zeugen, die aussagten, daß dieser Typ das gesagt hat, sind Weiße. Ich habe keine Ahnung, ob er es wirklich gesagt hat oder nicht, aber es gibt fünf Augenzeugen, die unter Eid aussagten, daß dieser Richter vom Court of Common Pleas das gesagt hat. Ich will damit sagen: Was bedeutet das dann für eine Situation, wenn dieser Richter in seinem Büro sitzt, gekleidet in seine Robe, und er hat einen Angeklagten vor sich, der so aussieht wie ich, und er muß darüber entscheiden, wie dessen Jury aussehen soll? Was heißt das, wenn so ein Richter in den Obersten Gerichtshof berufen wird? Und was bedeutet das wirklich – und was macht es schon, was in den Büchern steht – wenn das, was in die Herzen und Köpfe und Seelen der Leute geschrieben ist, immer noch (mit den Worten von Richter Taney) heißt, daß ein Schwarzer »keine Rechte hat, die ein Weißer zu respektieren hätte«?

Bezüglich der *Batson*-Entscheidung sind die Beweise in meinem Fall so klar und einfach nicht zu leugnen. Und zwar nicht so sehr im Zusammenhang mit dem, was während des ersten Prozesses passierte, sondern mit dem, was im Sommer 1995 während der Anhörung für das Wiederaufnahmeverfahren in Philadelphia passierte, wo wir herausfanden, daß der Bundesstaat Pennsylvania damit einverstanden war, daß die Anzahl der möglichen Geschworenen, die sie dem Obersten Gerichtshof im Berufungsverfahren präsentierten, falsch war. Sie gaben an, acht Afroamerikaner seien aus meiner ursprünglichen Jury entfernt worden. Mein Anwalt im Berufungsverfahren sagte, daß elf entfernt worden waren. Nun, wir fanden zwei von diesen

Personen, wir konnten die dritte nicht ausfindig machen. Sie mußten also zugeben: »Okay, wir haben uns geirrt, es sind tatsächlich zehn entfernt worden.« Also zehn von vierzehn wurden ausgeschlossen. Meine Mathematikkenntnisse sind bescheiden, aber ich denke es sind 71% der möglichen afroamerikanischen Geschworenen, die allein auf der Basis ihrer Hautfarbe ausgeschlossen wurden. Es hat Fälle gegeben, da wurde argumentiert, wenn der Nachweis gelänge, daß 56% auf diese Weise ausgeschlossen wurden, dann gäb's möglicherweise einen prima facie[51] Batson-Anspruch...

F: Du hast gesagt, daß du »im am schnellsten wachsenden Sozialwohnungstrakt in den USA« lebst...

A: Ja, das stimmt.

F: Du hast von Folter, Diebstahl, Terror, Demütigungen, Entwürdigung und Brutalität gesprochen. Stehst du noch dazu?

A: Absolut. Eine Menge Leute, die diese Realität nicht kennen, haben vielleicht mein Buch »...aus der Todeszelle« gelesen und darauf mit großer Skepsis reagiert. In Wahrheit ist mein Buch eine abgemilderte, verkürzte, schlichte, objektive Darstellung der Wirklichkeit, wie ich sie im Todestrakt und im »Loch« erlebe – davon, was ich gesehen habe, gerochen habe. Und von den leblosen Körpern, die vor meinen Augen hier hinausgetragen wurden.
Wenn ich meinen Gedankenfluß so aufschreiben würde, wie er mir durch den Kopf geht, dann würde ich keinen Verleger finden, der das veröffentlicht, und alle, die das lesen,

würden sagen, das ist reine Erfindung.
Die Realität ist aber, daß es diese Welt wirklich gibt, planmäßig, hermetisch abgeriegelt. Gäbe es da keine gerichtliche Anordnung und unsere Zivilklage, dann hätte dieses Interview niemals stattgefunden. Vor sechs Monaten wäre es nicht erlaubt worden. Während wir uns hier unterhalten, hat der Staat Kalifornien ein Moratorium für alle Interviews mit Gefangenen im gesamten Gefängnissystem bekannt gegeben. Das hat seinen Grund. Die Leute sollen im dunkeln tappen.

F: Mumia, wir danken dir dafür, daß du heute mit uns geredet hast.

Die Gefängnisbeamtin signalisiert uns, daß unsere Zeit um ist. Ein Wärter erscheint auf Mumias Seite des Besuchsraums und fordert ihn auf, ihm zu folgen. Mumia hebt seine in Handschellen gelegten Hände zu einer Art Gruß, schaut uns an und ruft uns laut und gut gelaunt »Ona move!« zu. Dann dreht er sich um und geht hinaus. Wie alle Gefangenen in den Todestrakten von Pennsylvania erwartete ihn nun ein körperliche Durchsuchung, bevor er in die Isolation seiner Zelle zurückkehrt.
Zur selben Zeit scherzen wir mit der Beamtin der Knastverwaltung herum, während wir unsere Geräte einpacken und durch die stillen, verlassenen Korridore zum Ausgang zurückgehen. Sie erzählt uns von ihrem zwölfjährigen Sohn und daß sie nicht wünscht, daß er jemals in einem Gefängnis arbeiten soll.

Waynesburg, Pennsylvania
8. Februar 1996

Der Sinn der Zensur

»Nur kleine Männer haben Angst vor kleinen Schriftstücken.«
Pierre de Beaumarchais, Die Hochzeit des Figaro (1784)

Erneut hat eine Institution, die vorgibt, dem »heiligen« Ersten Zusatzartikel der Verfassung zu huldigen, sich entschieden, eher den Andersdenkenden zum Schweigen zu bringen, als die freie Rede zuzulassen.
1994 wurde dem National Public Radio (NPR) für die Sendung »All Things Considered« wegen einer geplanten Sendereihe von Kommentaren des Verfassers in letzter Minute aus politischen Gründen der Stecker herausgezogen.
Nun ahmt das Pennsylvania Radio Network (WRTI-FM und 11 angeschlossene Sender im gesamten Bundesstaat) der Temple University in Philadelphia diesen Schritt nach, indem es die Übernahme des »Demokratie jetzt!«-Programms vom Pacifica Radio Network genau an dem Tag annulliert, an dem ein Paket der aktuellsten Kommentare des Verfassers auf Sendung gehen sollten.
Pennsylvania, die angebliche »Wiege der Freiheit«, wurde zur Zitadelle des Schweigens und der Zensur.
»Demokratie jetzt!«, moderiert von der mit Preisen ausgezeichneten Reporterin Amy Goodman, zeichnete sich dadurch aus, daß es im Zeitalter der Medienkonzerne andere Ansichten zu Wort kommen ließ und zu den populären Sendungen im Pacifica-Stall gehörte. Mit einer Sendung, die sich zum Motto gemacht hatte, »die Bequemen aufzurütteln und die Niedergeschlagenen zu trösten«, war »Demokratie jetzt!« zu einem der heißesten Radioprogramme geworden,

das täglich und überregional ausgestrahlt wurde – bis jetzt. Bis es nämlich die Meinung des Verfassers über Amerikas teuflische Gefängnisse ausstrahlte. Daraufhin haben die Machthaber in Politik und Konzernen der Sendung den Saft abgedreht.
Schweigen!
In einem Staat, der dazu da ist, den Söldnerinstinkten des Kapitals zu dienen, kann es keine wirkliche Demokratie geben, weder heute noch in Zukunft. Sieht man sich die wahre amerikanische Geschichte an, dann zeigt sich da in Wirklichkeit ein langer Kriegszug gegen die Demokratie und alles, was danach riecht. Die Mehrheit des Volkes, die Afroamerikaner, Indianer, Frauen und armen Weißen wurden systematisch von der politischen Macht ausgeschlossen. »Demokratie jetzt!« hat versucht, diese Hegemonie aufzubrechen, und als die Sendung es wagte, die Macht des Gefängnisindustrie-Komplexes zu hinterfragen, mußte sich die Demokratie gegenüber Politik und Kapital geschlagen geben.

»In der Zensur zeigt sich das mangelnde Vertrauen einer Gesellschaft zu sich selbst. Sie ist der Meilenstein auf dem Weg zu einem autoritären Regime.«
Richter Potter Stewart, abweichende Meinung im Fall *United States gegen Ginzburg* (1965)

Als NPR sich 1994 dem Druck von Polizei und Kapital beugte, da geschah das zu dem Zeitpunkt, als der damalige Senator Bob Dole die staatlichen Zuschüsse für NPR in Frage stellte.
Ist es ein Zufall, daß die Temple University den Stecker nur wenige Tage vor dem Termin herauszog, an dem sie vor den

Senat von Pennsylvania zog, um ihren Anteil an den staatlichen Subventionen zu erbitten?
Auch Demokratie, so scheint es, hat ihren Preis.

Der Zensor war einst ein gewählter Beamter im alten Rom, dessen Aufgabe es war, »die öffentliche Moral zu schützen«.
In diesem neuen Imperium verdammt die Zensur nicht nur den Sprecher, sondern auch den Zuhörer, um sie zu schützen.
Braucht ihr Schutz vor meiner Stimme?
Oder braucht ihr nicht eher Schutz vor euren Beschützern?

Mumia Abu-Jamal
4. März 1997

Über den Autor

Mumia Abu-Jamal wurde am 24. April 1954 in Philadelphia geboren und auf den Namen Wesley Cook getauft. Schon als Jugendlicher nahm er einen anderen Vornamen an, nachdem sein Suahelilehrer an der Highschool, der aus Kenia stammte, allen seinen schwarzen Schülern afrikanische Namen gegeben hatte. Später änderte er auch seinen Nachnamen auf arabische Art und nannte sich Abu-Jamal - Vater ("Abu") seines erstgeborenen Sohnes Jamal.

Als er am 9. Dezember 1981 festgenommen und des Mordes an dem Polizeibeamten Daniel Faulkner aus Philadelphia angeklagt wurde, war Mumia Abu-Jamal seit Anfang der siebziger Jahre als Journalist in Philadelphia tätig. Er war Präsident der Ortsgruppe der Association of Black Journalists und für seine Arbeit den Peabody Award ausgezeichnet worden. Die Zeitschrift Philadelphia bezeichnete ihn in ihrer Januarausgabe von 1981 wegen seines journalistischen Talents als einen Mann, "auf den man 1981 sein ganz besonderes Augenmerk richten sollte". Durch seine engagierte Berichterstattung im National Public Radio, Mutual Black Network, National Black Network und in seiner eigenen Talkshow auf WUEY-FM hatte er sich als "Stimme der Unterdrückten" einen Namen gemacht.

Seit seiner Jugend war Mumia politisch aktiv. Im Alter von vierzehn Jahren wurde er verprügelt und festgenommen, als er während des Präsidentschaftswahlkampfes gegen eine Wahlveranstaltung des rechten George Wallace protestierte. Im Herbst 1968 trat er dem Zweig der Black Panther Party von Philadelphia als Gründungsmitglied und Leiter der Informationsabteilung bei. Im Sommer 1970 arbeitete er in

der Redaktion der Parteizeitung The Black Panther im kalifornischen Oakland und kehrte kurz nach den Polizeirazzien gegen alle drei Büros der Black Panther Party in Philadelphia in seine Heimatstadt zurück.
Nach dem Niedergang der Black Panthers und der Protestbewegungen entwickelte Mumia Abu-Jamal aus dem journalistischen Handwerk, das er als Redakteur der Panther-Zeitung erlernt hatte, einen Beruf und eine Berufung: Er wurde ein gefeierter und beliebter Radiojounalist und weit über seine Heimatstadt Philadelphia hinaus bekannt. Er veröffentlichte einige Beiträge, in denen er das Philadelphia Police Department und die Stadtverwaltung unter Bürgermeister Rizzo, einem Ex-Streifenpolizisten, scharf kritisierte. Dadurch wurde er auch in diesen Kreisen zu jemandem, auf den man "sein ganz besonderes Augenmerk" richtete". Er trat weiter mutig gegen Rassismus und politische Unterdrückung auf. Sein unermüdliches, wortgewandtes Eintreten für MOVE führte dazu, daß er als Journalist Schwierigkeiten bekam und sich um eine Nebenbeschäftigung kümmern mußte. In der Folge arbeitete er zweimal pro Woche nachts als Taxifahrer, um seine Familie ernähren zu können.
Seine Gegner im Staatsapparat schossen sich auf ihn ein und warteten auf eine Gelegenheit, ihn aus dem Verkehr ziehen zu können. Es klappte in der Nacht des 9. Dezember 1981, als Mumia seinem Bruder zu Hilfe kommen wollte, der von einem Polizisten der als rassistisch berüchtigten »Männer in Blau« mißhandelt wurde. Schüsse fielen, Mumia wurde schwer verletzt, der Polizist, der ihn niedergestreckt hatte, starb an der Schußverletzung, die ihm ein Fremder beigebracht hatte, der unerkannt entkam. Doch Mumia

wurde als Täter verhaftet, weil seine Person in das Schema von »schwarzer politischer Gewalttäter erschießt weißen Ordnungshüter« paßte.
Bereits nach sechs Monaten stellte man ihn vor Gericht; am 3. Juli 1982 wurde er des Mordes schuldig gesprochen und zum Tode verurteilt. Den Vorsitz im Prozeß hatte der wegen seiner häufigen Todesurteile berüchtigte Richter Albert Sabo.
Jamals Berufungsantrag an den Obersten Gerichtshof von Pennsylvania, das höchste Staatsgericht des Bundesstaates, wurde im März 1989 abgelehnt, die Überprüfung seines Urteils durch das Oberste Bundesgericht der USA in Washington nicht zugelassen.
Dreizehn Jahre verbrachte Mumia im Todestrakt des Gefängnisses von Huntingdon und wurde dann 1995 in das neugebaute Hochsicherheistgefängnis Greene County im südwestlichsten Zipfel Pennsylvanias verlegt.
Kurze Zeit später unterschrieb der neue Gouverneur von Pennsylvania, der Republikaner und hochdekorierte Vietnam-kriegsveteran Thomas Ridge, den ersten Hinrichtungsbefehl gegen Mumia Abu-Jamal. Als Hinrichtungstermin wurde der 17. August 1995 festgesetzt. Ridge, der durch die illegale Öffnung der Anwaltspost von den geplanten Schritten der Verteidiger wußte, war damit dem kurze Zeit später gestellten Antrag auf Wiederaufnahme des Verfahrens zuvorgekommen. Jamal und sein nur aus Spendenmitteln finanziertes Verteidigungsteam rügten darin zweiundzwanzig Verletzungen von Grund- und Verfahrensrechten, zu denen es im ersten Prozeß gekommen war. Ziel der Wiederaufnahme des Verfahrens ist es, die Unschuld Jamals zu beweisen und das Todesurteil aufzuheben.

Nur wenige Tage vor dem Hinrichtungstermin, am 10. August 1995, wurde schließlich der Hinrichtungsbefehl ausgesetzt, bis die Gerichte über den Wiederaufnahmeantrag entschieden haben. Richter Sabo lehnte den Antrag in erster Instanz erwartungsgemäß ab. In der Folgezeit gelang es der Verteidigung, in mühsamer Kleinarbeit weitere entlastende Beweismittel aufzuspüren. Stärkstes Argument für die Dringlichkeit eines neuen Prozesses ist die Tatsache, daß zwei ehemalige Belastungszeuginnen mittlerweile öffentlich ihre Aussagen zurückgenommen und bestätigt haben, daß sie diese Aussagen nur auf massiven Druck durch Polizeibeamte hin gemacht haben. Diese neuen Aussagen liegen zusammen mit der Berufung im Wiederaufnahmeantragsverfahren mittlerweile zur Überprüfung bei Bundesbezirksrichter Yohn in Philadelphia zur Entscheidung. Yohn ist die letzte Instanz, die durch eine gerichtliche Anhörung dafür sorgen kann, die entlastenden Beweismittel in die Prozeßakten einzuführen.

Von seiner Zelle aus wirkte Mumia Abu-Jamal während all dieser Jahre als Journalist; seine Beiträge erschienen in über 40 Zeitungen in den Vereinigten Staaten und Europa. In Deutschland veröffentlicht die Tageszeitung *junge Welt* regelmäßig in ihrer Samstagsausgabe eine Kolumne von Mumia Abu-Jamal.
Seine ehemals im Sendeplan von National Public Radio für die Sendung "All Things Considered" vorgesehenen Beiträge mit dem Titel "Live from Death Row", die das Leben hinter den Gittern von Huntingdon beschreiben und den Inhalt seines ersten in deutscher Sprache erschienen Buches "...aus der Todeszelle" ausmachen, waren 1993 überraschend kurzfristig aus dem Programm genommen worden.

Sie hatten eine heftige Kontroverse ausgelöst und in den USA zu intensiven Auseinandersetzungen über die Zensur und die Todesstrafe geführt. Die engagierte New Yorker Literaturagentin Frances Goldin sorgte dafür, daß diese Beiträge, ergänzt durch ältere und neuere Essays, 1995 im Verlag Addison-Wesley erscheinen konnten. So wurde Mumia Abu-Jamal auch zum international beachteten Buchautor, der 1997 mit "Death Blossoms" (deutsch: "Ich schreibe um zu leben") sein zweites Buch vorlegte. Als drittes Buch (mit CD) erschien im Mai 2000 in den USA "All Things Censored", das im wesentlichen aus den Texten der beiden anderen Bücher besteht, die um wenige neue Kolumnen und ein Vorwort von Alice Walker ergänzt wurden.
Mit der Biographie »on a move«, die Terry Bisson im Februar 2001 über Mumia Abu-Jamal vorlegte, gibt es endlich die autorisierte Lebensgeschichte des Mannes, der heute für viele zu einem Symbol für den Kampf aufrechter Menschen um ein freies Leben geworden ist.

Zu den anderen Autoren:

Cornel West ist Professor für Afroamerikanische Studien an der Harvard University. Bekannt auch als Schriftsteller, Kulturkritiker und Vertreter marxistischer Theorien über »Rasse«, Erziehung und Politik.

Julia Wright, gebürtige Amerikanerin, lebt als Autorin und ehemalige Lehrerin in Paris und ist dort führende Aktivistin der Kampagne für Mumia Abu-Jamal. Sie ist die Tochter des bekannten afroamerikanischen Schriftstellers Richard Wright (Black Boy, Native Son).

Steve Wiser, Pastor der Bruderhof Communities, ist seit Mai 1995 Mumia Abu-Jamals offizieller Gefängnisseelsorger (»spiritual advisor«).

Allen Hougland lebt als freier Autor in Philadelphia.

Nachweis der Bilder und Grafiken

S. 33 Paul Button
S. 44 James Harris
S. 73 Archiv
S. 94 Jürgen Schadeberg
S. 96 Jennifer Beach
S. 114 Archiv Annette Schiffmann
S. 126 dito
S. 152, 158, 164 Blandena Lee
S. 170, 175, 180 Thomas Filmyer/WCB
S. 166 Jennifer Beach
S. 197 Paul Button
S. 46ff, 61, 62, 68, 74, 86, 93, 102, 116, 122 Plough Publishing House

[1] Anm. d. Übers.: Hauptpunkt war die ungesetzliche und heimliche Öffnung der Verteidigerpost und Weitergabe von Kopien an die Staatsanwaltschaft und das Büro des Gouverneurs. Dadurch wußte Gouverneur Ridge von der bevorstehenden Antragstellung für das Wiederaufnahmeverfahren und kam der Verteidigung zuvor, indem er am 1. Juli 1995 den ersten Hinrichtungsbefehl unterzeichnete. Die Richterin wertete dieses Vorgehen der Gefängnisbehörde als Verstoß gegen die Verfassungsrechte Jamals.

[2] Anm. d. Übers.: Sepia (lat. >Tintenfisch<), aus dem Tintensekret gewonnenes Pigment, das seit etwa 1775 zur Herstellung von Tuschen verwendet wird. Sepiapausen werden auf Papier mit lichtempfindlicher Gelatinebeschichtung gemacht. Die Lichtpause weist am Ende den typisch bräunlichen Farbton auf, der die Vorlage (= Wirklichkeit) farblich verfremdet.

[3] Frantz Fanon: Die Verdammten dieser Erde, Reinbek bei Hamburg 1969, S. 190

[4] Anm. d. Übers.: Ein junger, international bekannter Star des »Gangsta Rap«, der bei einer »Auseinandersetzung rivalisierender Banden« in Kalifornien erschossen wurde.

[5] Anm. D. Übers.: Begriff aus der Psychologie; gemeint sind ‚doppelte Botschaften', hier: Jamal will mit seinen Kindern/Enkelkindern zu tun haben, darf sie aber nicht einmal berühren; viele Männer draußen könnten dieser Verantwortung nachkommen, flüchten aber davor.

[6] Anm. d. Übers.: SCI = State Correction Institution - Strafanstalt

[6a] Anm. d. Übers.: (franz.) Lebensfreude

[7] Anm. d. Übers.: Der Pflug

[8] Mumia Abu-Jamal: Live from Death Row, New York 1995; deutsche Übersetzung: MAJ: ...aus der Todeszelle, Bremen 1995/2001

[9] Anfang Februar 1997, nur kurze Zeit nach Veröffentlichung dieses Buches in den USA, wurde aus nichtigem Anlaß – Steve Wiser hatte sich anläßlich eines Besuches bei Jamal wenige Sekunden mit einem anderen Gefangenen unterhalten – ein generelles Besuchsverbot gegen Wiser ausgesprochen. Er durfte in ganz Pennsylvania keine Gefängnisse mehr betreten.

[10] Khalil Gibran: Der Prophet, Zürich und Düsseldorf 1996, S.32-33

[11] Anm. d. Übers.: Ein vom übrigen Todestrakt abgetrennter Sonderbereich, in dem die Gefangenen kurz vor ihrer Hinrichtung untergebracht werden. Sie sind hier noch schärfer isoliert und verfügen kaum noch über persönliche Habe.

[12] Anm. d. Übers.: größtes und vorwiegend mit schwarzen Gefangenen belegetes Gefängnis von Pennsylvania.

[13] Anm. d. Übers.: Freiheit, Gerechtigkeit, Gleichheit und Islam

[14] Die Mason and Dixon Line war zu Zeiten des britischen Kronrates 1763 von den Landmessern Charles Mason und Jeremiah Dixon als Grenze zwischen den Kolonien Maryland und Pennsylvania festgelegt worden. Vor dem amerikanischen Bürgerkrieg galt sie als Grenze zwischen den Nordstaaten ohne Sklaverei und den südlichen Sklavenhalterstaaten.

[15] Literaturhinweis zu Nation of Islam und Elijah Muhammad: Haley, Alex (Hrsg.): Malcolm X – Die Autobiographie, Bremen 1993

[16] Anm.: d. Übers.: Die Orishas, Gottheiten aus Afrika, waren zusammen mit den schwarzen Sklaven nach Nord- und Südamerika gekommen. Die europäischen Kolonialherren unterdrückten im Bund mit der katholischen Kirche lange Zeit die afrikanischen Kulte. Die Sklaven tarnten deshalb ihre Orishas unter dem Deckmantel katholischer Heiliger: Yemaya wurde in der Jungfrau von Regla, Babalu Aye im Heiligen Lazarus und Chango in der Heiligen Barbara verehrt.

[17] Anm. d. Übers.: Es handelt sich um die 97. Sure, hier zitiert aus: E. Werner/K. Rudolph (Hrsg.): Der Koran, Wiesbaden (ohne Jahresangabe), in der Übers. a. d. Arabischen von Max Henning; S. 565; die folgenden Fußnoten zur Sure wurden von dort übernommen.

[18] Der Koran (so die Muslime) oder der Engel bzw. Geist der Offenbarung.

[19] D.h. die »Nacht der (göttlichen) Bestimmung« oder »Zumessung« (lailat al-qadr). In ihr soll Gabriel den Koran aus dem siebenten Himmel zu Mohammed hernieder gebracht haben. (...) Die Herkunft und ursprüngliche Bedeutung des Ausdruckes ist noch ungeklärt (Name der altarabischen Neujahrsnacht?). Vermutlich hat ihn Mohammed rückblickend auf sein Berufungserlebnis, das in einer Nacht stattfand (...) geprägt.

[20] Unsicher. Eher: »wegen jeder Ordnung (amr)«, oder »aus jedem Logos«.

[21] Anm. d. Übers.: epikureisch = lebensfreudig, genießerisch

[21a] aus: Friedrich Nietzsche: Werke. hrsg. v. Karl Schlechta, Frankfurt-Berlin-Wien 1976, Bd. III, S. 58 u. 70

[22] Zur Dokumentierung der Geschichte der Cherokee, siehe John Ehle, Trail of Tears: The Rise and Fall of the Cherokee Nation, New York, Anchor/ Doubleday, 1988

[23] Anm. d. Übers.: Name der Gemeinde in USA: Moravian Brethren

[24] Anm. d. Übers.: ein Minderheitenförderprogramm, das vorsieht, nichtweiße Bewerberinnen und Bewerber bei der Neubesetzung von Arbeitsstellen gegenüber weißen zu bevorzugen.

[25] Bruder Martin-Baró und fünf weitere Priester sind zusammen mit ihrer

Haushälterin und deren Tochter im November 1989 von einer von den USA ausgebildeten und ausgerüsteten Todesschwadron in El Salvador ermordet worden

[26] Ignacio Martin-Baró: Writings for a Liberation Theology, ohne Erscheinungsort, S. 142; Übersetzung des Zitats aus dem Originaltext.

[27] Karl Marx, Friedrich Engels: Ausgewählte Schriften in zwei Bänden, Berlin 1981, S.226

[28] Anm. d. Übers.: Republikanische Partei der USA

[29] Anm. d. Übers.: abgeleitet vom *Synkretismus*, dem Bestreben nach Verschmelzen verschiedener Religionen, Lehren, Meinungen.

[30] Anm. d. Übers.: barrios (span.) und favelas (port.) = Armenviertel, Slums 0

[31] »On the Move: from the Writings of John Africa«, Philadelphia Tribune, 28. Juni 1975, S. 17

[32] Im Original »Men of the Cloth«, ein Wortspiel; es bedeutet zum einen »Männer der Geistlichkeit«, »cloth« steht aber auch für Tuch, Kleidung etc.; der Sinn des Wortspiels ergibt sich aus dem weiteren Text.

[33] Anm. d. Übers.: Engl.für »Knast-Anwalt«; Gefangene, die sich im Gefängnis rechtskundig gemacht haben und für sich und andere Gefangene Anträge, Beschwerden etc. schreiben, Rechtsberatung machen usw.

[34] Anm. d. Übers.: siehe auch Assata Shakur: ASSATA – Eine Autobiographie aus dem schwarzen Widerstand in den USA, Bremen 1999

[34a] Anm. d. Übers.: Am 10.6.97 wurde Geronimo Pratt nach 27 Jahren Gefängnis freigelassen. Ein Richter hatte endlich Zweifel an seiner Schuld.

[37] Anm. d. Übers.: Im Original "If it bleads, it leads", etwa: "Mit Blut wird es die erste Meldung".

[36] Anm. d. Übers.: Fernsehshow

[37] Anm. d. Übers.: Frank Rizzo, rechter Politiker, mittlerweile verstorben, war z.Zt. der Verhaftung von Jamal Bürgermeister von Philadelphia. Bevor er das Amt übernahm, war er Polizeichef der Stadt. In beiden Ämtern bekämpfte er unnachgiebig MOVE und war erklärter Gegner der journalistischen Arbeit von Jamal. Siehe: Mumia Abu-Jamal, "...aus der Todeszelle", Bremen 2001, S. 200 ff.

[38] Anm. d. Übers.: *American Broadcasting Corporation*, eine der großen US-Sendeanstalten.

[39] Anm. d. Übers.: *Grand Dragon* (Führer) des Ku Klux Klan

[40] Anm. d. Übers.: Bevor 1996 ein US-Gesetz verabschiedet wurde, das den

Bezug von Sozialhilfe einschränken und z.B. alleinerziehende Mütter mit mehreren unehelichen Kindern grundsätzlich vom Bezug ausschließen sollte, verbreiteten Medien und Parteien das Schreckensbild der »Sozialhilfe-Königinnen«, die sich ein Kind nach dem anderen machen ließen, um Sozialhilfe zu kassieren und "auf Kosten der Steuerzahler in Saus und Braus zu leben.

[41] Khalil Gibran: Der Prophet, a.a.O. S. 59

[42] Altes Gefängnis in Pennsylvania, in dessen Todestrakt Jamal bis Anfang 1995 untergebracht war.

[43] Anm. d. Übers.: »secret squirrel-type dude«, bezeichnet eigentlich jemanden mit einer Verschwörungstheorie; »Konspi-Typ« kommt aus der neueren deutschen Gefangenensprache und ist abgeleitet von »Konspiration«, also einem Verhalten größtmöglicher Vorsicht gegenüber dem Knastapparat, für den das eigene Handeln nicht erkennbar sein soll.

[44] Anm. d. Übers.: geheimdienstlich Telefon bzw. Wohnung oder Zelle abgehört.

[45] Der Name MOVE ist kein Akronym, vermittelt vielmehr die Überzeugung der Mitglieder, daß sich das Leben in Bewegung befindet (*on a move*).

[46] Am 8. August 1978 überfiel die Polizei das MOVE-Haus in Powelton Village, einem Stadtteil von West Philadelphia. Das Haus wurde zerstört, neun Mitglieder von MOVE verhaftet und wegen Mordes an dem Polizisten James Ramp unter Anklage gestellt. Diese "Verdächtigen" waren zum Zeitpunkt der Schießerei im Keller ihres Hauses gewesen. Ramp, der das Haus beobachtete, war in den Rücken geschossen worden. Der folgende kurze Prozeß war geprägt von rassistischen und politischen Vorurteilen, die "MOVE 9" wurden jeder zu 30-100 Jahren Knast verurteilt. Sie befinden sich nach wie vor in verschiedenen Gefängnissen in Pennsylvania und betonen ihre Unschuld.

[47] Anm. d. Übers.: von *Malthusianismus*, der Bevölkerungstheorie des engl. Nationalökonomen Thomas Robert Malthus (1766-1834), nach der das Bevölkerungswachstum durch die Menge der verfügbaren Nahrungsmittel begrenzt wird. In den USA – und damit v.a. für die Dritte Welt – kam es unter Malthus Einfluß schon sehr früh zur Propagierung der Geburtenkontrolle.

[48] Anm. d. Übers.: Counter Intelligence Program, ein geheimdienstliches Programm des FBI zur Bekämpfung »subversiver Elemente«, insbesondere der Black Panther Party.

[49] Anm. d. Übers.: gemeint sind *investigators*, die Ermittlungen für die Verteidigung durchführen; die Verteidigung ist im amerikanischen Recht der Anklage gleichgestellt, muß auch selber Ermittlungen durchführen, entlastende Beweise bringen etc.

[50] Anm. d. Übers.: Im Sommer 1995 während der Anhörung vor Richter Sabo, der über den Wiederaufnahmeantrag in erster Instanz zu entscheiden hatte.

[51] Anm. d. Übers.: *prima facie* = dem ersten Anschein nach

Adressen

Mumia Abu-Jamal
AM-8335, SCI Greene
1040 Progress Highway
Waynesburg, PA 15370, USA

Kampagne Mumia Abu-Jamal
Postfach 150 323
D-28093 Bremen
Fon+Fax 0421/354029
E-Mail: atlantik@brainlift.de

"Freiheit für Mumia Abu-Jamal"
Neckarhelle 72
69118 Heidelberg
Fon+Fax 06221-800313
E-Mail: mikschiff@poweronline.net

Spendenkonto "Freiheit für Mumia Abu-Jamal"
Spendenbescheinigung möglich
Postbank Karlsruhe
Kto-Nr. 39 54 99 751
BLZ 660 100 75

Mumia im Internet:
www.mumia.de
www.iacenter.org
www.mumia.org
www.mumia2000.org